허찬형 선생 회고록

세 개의 조국을 살아온 노병의 수기

허찬형 선생 회고록

세 개의 조국을 살아온
노병의 수기

민플

허찬형 선생이 직접 그린 지도 : 전쟁 당시 관여한 전투와 부대의 동선

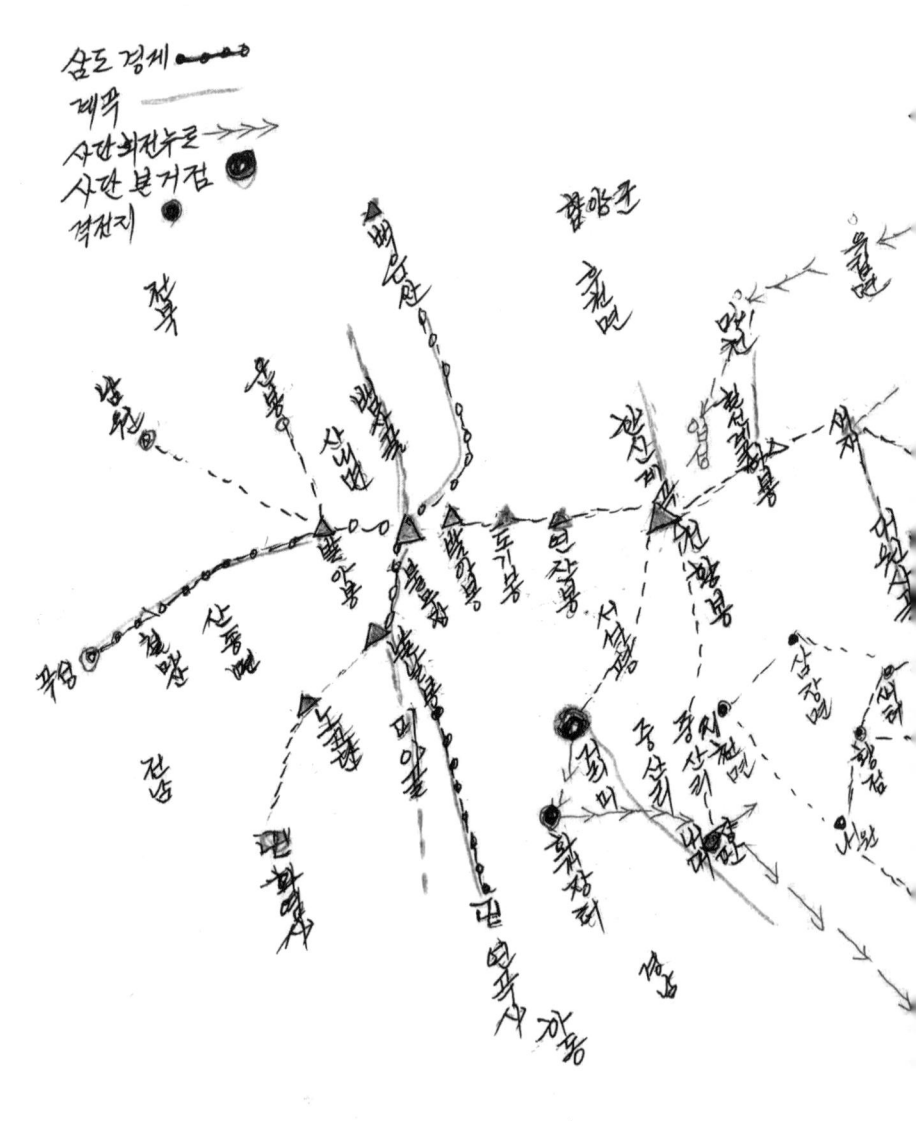

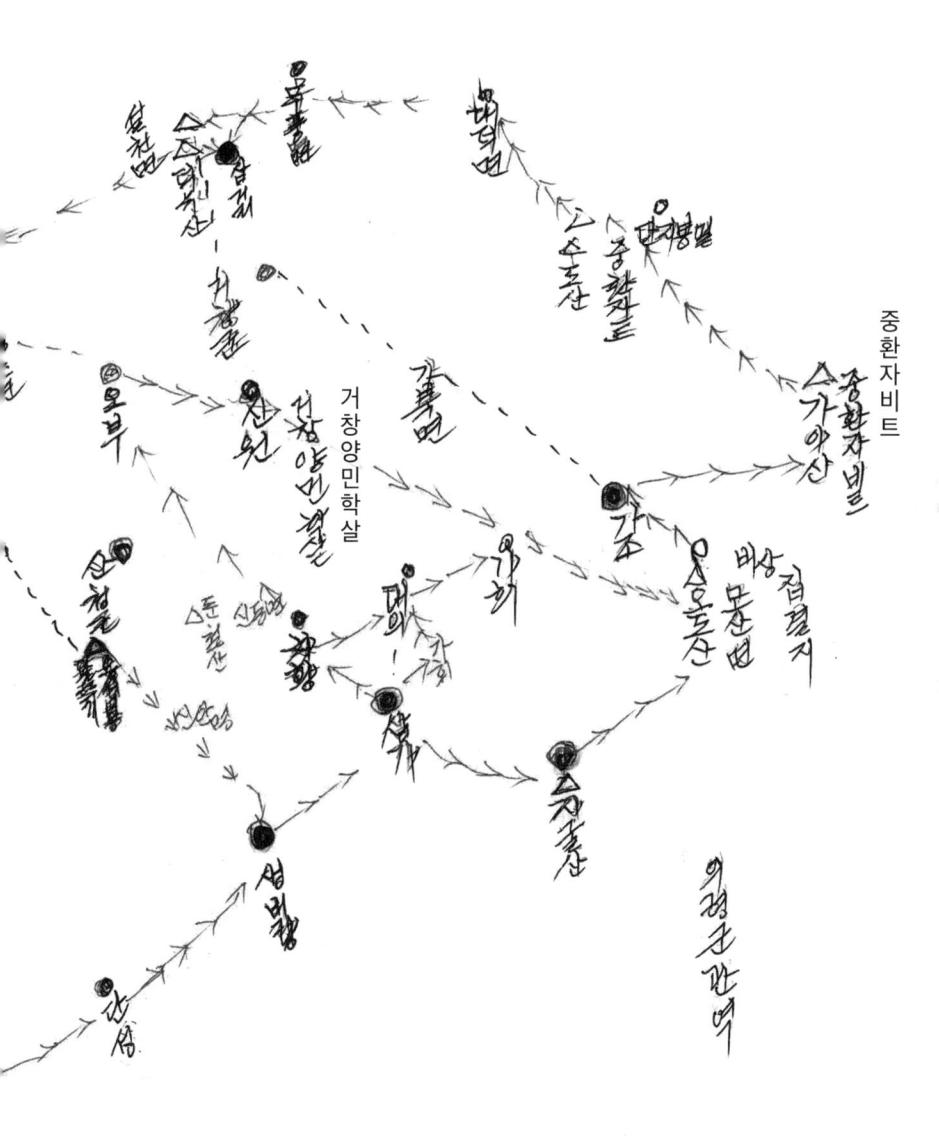

추천사
허찬형 선생님 회고록 출간에 부쳐

정의·평화·인권을 위한 양심수후원회 **권오헌**

조선인민군출신으로 전형적인 전쟁포로이신 허찬형 선생님께서 90을 살아오신 연륜에 비해선 짧지만 참으로 진솔하고 긴박감 있는 귀한 회고록을 내셨습니다.

노전사의 이 회고록은 선생님 생애를 통해 그 삶에 지워진 사회적, 역사적 조건과 환경을 반영한 구체적 삶의 진실성과 성실함 그리고 어떠한 어려움이 닥쳐와도 이겨내려는 실천적 책임성이 물씬 묻어나고 있습니다.

일제 강점기의 잔학한 식민지지배와 수탈만행을 직접 겪으시면서 어머님을 비롯한 형제 조카들이 숨져가는 것을 지켜보아야 했고, 열세 살 어린 나이에 근로보국대에 강제로 끌려가 살인노동을 강제당했지만 끝내는 그 지옥소굴에서 탈출에 성공, 고향으로 돌아왔으나 보국대 탈출자 색출에 다시 떠밀려 낯선 이국땅 중국 동북지방을 떠돌며 피신과 함께 목숨을 이어나가야 했던 참으로 모진 세상을 경험하셨습니다. 보국대 탈출사건이 좀 가라앉는 듯싶어 곧바로 귀국, 일제의 마지막 수탈수단이었던 송탄유공장(관솔기름)에 들어가 남은 가족들 생존을 위해 열심히 일하셨습니다.

그런 어느 날 바로 8.15조국광복을 맞게 되셨습니다.

식민세상에서 억압자가 억압받고 수탈자가 수탈당하는 해방세상을 맞게 되었습니다. 특히 선생님에겐 주지도라는 선각된 선생님이 있어 해방민족의 자긍심과 조국과 인민에 대한 사랑정신을 익히게 되었습니다. 민주청년동맹에 가입 교양받으셨고, 해방공간 토지개혁을 비롯한 제반 민주개혁이 실시됨에 따라 일부 불평세력에 대한 홍보차원의 연극 '해방의 전날'에 여주인공 '보옥'역을 맡아 큰 호평을 받으시기도 했습니다.

선생님께서는 여기에 만족하지 않고 약관 열여덟 나이에 조선인민군에 자원입대하였습니다. 선생님께서는 시험관에게 당당하게 '조국과 민족을 위해 몸과 마음을 다 바칠 것'을 다짐하셨습니다. 입대후에는 수풍발전소등 후방기지에 배치되기도 했지만 38경비대로 전선에 재배치, 당시 3.8선 지역에 끊임없이 벌어진 남북사이 치열한 전투를 겪기도 하셨습니다. 6.25전쟁은 벌써 그 이전에 수없이 있었던 전투의 연속선상에 있었습니다.

선생님께선 군생활의 성실함이 인정되어 평양에 있는 특수공병학교에 추천되어 졸업하셨고 부소대장으로 원대복귀, 음파산전투등 첫 6.25 '조국해방전쟁'에 참전하셨습니다. 그리고 6월27일에는 조선로동당에 화선입당하셨습니다. 그만큼 선생님의 인격체계완성을 국가가 인정한 셈이었지요.

1950년 7월2일, 선생님은 서울에 입성, 보위성 9사단(최현) 직속공병대대 1중대 2소대장으로 있다가 서울수도사단으로 편입되었고, 8월 중순에는 낙동강전투에 참여, 왼쪽 발목관통상을 입고 거창야전병원으로 후송치료를 받던 중 9월25일, 강원도 춘천으로의 후송명령을 받게 됩니다. 당시 부상군인으로 2사단 포병연대 포병참모 김덕진총위등 3명과 함께 충북 옥천군 서대산 계곡 안보광리에서 40여일간 치료를 받으셨습니다. 이때 여성 빨치산 임순이 간호사의 극진한 간호를 받았다고 늘 말씀하셨지요.

완전하진 않았어도 기동할 수 있어 이번에는 후방기지로의 후송이 아니라 남도 산야의 전투현장으로 이동하셨습니다. 덕유산, 설성, 황정리까지 마침내 경상남도당 노영호사령관을 만나시기도 했습니다. 1951년 7월경 6개 도당위원장회의 결과로 재편성된 57사단(이영회사단) 3연대 참모장을 맡아 치열한 전투를 지휘하셨습니다. 그리고 8.15기념투쟁에 참여하여 왼쪽귀와 손, 오른쪽다리 등 중상을 당했는데 이때도 임순이 간호사가 달려와 직접 수혈하여 목숨을 이을 수 있었다고 하셨습니다.

그 뒤 선생님께서 특별중상자로 수도산 환자비트로 특별후송되어 치료를 받고 있을 때 배신자의 밀고로 비트가 습격당해 다른 전투원들은 장렬한 전사를 하거나 스스로 목숨을 끊었지만 거동이 불편했던 선생님은 토벌대에 체포되어 남원토벌사령부를 거쳐 광주 포로수용소로 또다시 광주형무소에 갇히셨습니다. 이때 검사는 선생님이 전쟁포로였음에도 불구하고 그 무슨 '비상사태 하 범죄처벌에 관한 특별조치령'이니 국가보안법이니 등을 걸어 사형을 구형했고 재판부는 15년형을 확정하였습니다. 선생님 등은 전쟁포로의 대우를 강력히 요구했지만 수많은 인민군 포로들이 사형과 무기 등 최고형을 받고 말없이 세상을 등지게 되었습니다.

1953년 1월 대전형무소로 이감되었고 1958년 폐결핵으로 마산형무소로 옮겨 치료를 받는 과정에서 의무과장의 비리를 폭로규탄하고 축출을 요구하는 재소자 인권투쟁을 주도하여 마침내 의무과장이 축출되는 성과를 내기도 하셨습니다.

1961년 박정희 군사쿠데타 이후 비전향자는 치료를 못받게 되어 다시 대전형무소로 이감되었다가 1965년 만기출소를 하셨습니다. 그러나 선생님을 맞을 사람은 없었습니다.

대전경찰서 사찰계형사가 나타나 하는 첫마디가 '왜 전향을 하지 않았느냐'였습니다. 이에 선생님께선 "나는 공화국군인으로서 공화국헌법의 임무수행을 하다 체포된 전쟁포로이다. '사상범'이니 '정치범'하면서 전향을 강요하는 것은 내게 해당되지 않는다. 모든 포로는 종전 60일 이내에 송환되도록 규정됐다. 미국과 이승만정권이 제네바협약을 위반하고 있을 뿐이다"라고 맞받아 쳤습니다.

선생님께선 대전 갱생회에 머무시면서 9개월 동안 보건소를 다니며 결핵치료를 하셨고, 그동안 마련해 두었던 손수레를 이용 빵장사·냉차장사 등을 하시며 생활토대를 닦으셨습니다.

그리고 마침 스스로 고아라며 광주리 행상을 하던 성실한 처녀를 만나 가정을 이루셨고 서로를 다독여 이악스럽게 일하여 전세가게도 얻고 아드님, 따님까지 두신 오붓한 생활을 하셨습니다. 그러나 비전향출소자들에 대한 공안당국의 감시와 통제는 극에 달해 가게를 15번이나 옮기셔야 했으며 마침내는 그들의 조작품인 이른바 '박춘미 백일잔치사건'에 연루되어 국가보안법상 찬양·고무등 혐의로 1970년 8월 재수감 당하셨습니다. 변호사에게도 재판부에도 선생님은 전쟁포로임을 강조하며 이사건 자체가 공안세력의 조작임을 항변하셨습니다. 항소심에서 9개월 징역형에 2년 집행유예로 풀려나셨지만 그동안 부인께선 아이들 키우며 생활해야 했고 옥바라지까지 하는 고된 시간을 보내야 했습니다.

공안세력의 반인권 반인륜행패는 선생님께서 늘 말씀하셨던 반드시 진상규명돼야 할 사건들이었습니다. 대개 인민군출신으로 비전향 만기 제대한 옥중동지들이 대전지역에 많이 살고 있었는데 번호판을 가리고 오는 찝차에 강제납치되어 행방불명된 사례가 잇달았습니다. 선생님께서도 두 번이나 강제연행되는 과정에서 용케 빠져나오시기도 하셨습니다.

가정을 이루고 안전한 전세가게를 운영하며 생활이 안정되니까 소문을 듣고 찾아오는 옥중동지들도 많으셨다고 하셨습니다.

동지들의 도움요청에 부인께서는 달가워할 수만은 없었을 터이지만 선생님께서 "당신만큼이나 동지들이 소중한 분들"이라고 설득하셨다고 합니다. 실제로 낙성대 '만남의 집'에 계시다가 돌아가신 금재성 선생님, 2000년 북으로 송환돼가신 김영태 선생님께 도움을 주셨는데 그 뒤 소식이 없어 알아봤더니 사회안전법으로 감호소로 끌려갔기 때문이었습니다. 김영태 선생님은 송환되기 얼마전 20여년 전에 빌려 간 10만 원을 70만 원으로 돌려주신 말씀도 하셨습니다. 바로 '아내체면을 살려준 소중한 동지'들이셨습니다.

끝으로 선생님 뵈올 적마다 말씀하신 선생님의 상징처럼 느껴진 두 가지 말씀이 있으셨습니다. 바로 조선인민군으로 조국해방전쟁에 참여하신 자긍심과 다른 하나는 전쟁포로의 국제법상권리로서 조국과 가족품으로의 송환 주장이셨습니다. 선생님께서 경찰에게 변호사에게 재판부에 줄기차게 말씀하셨듯이 전쟁포로에 대한 주장은 '비전향장기수 2차 송환'운동의 강조점이기도 했습니다. 이미 리인모 인민군종군기자가 전쟁포로로서 송환되셨고 2000년 1차 송환 때도 김인서·함세환·김영태 선생님이 전쟁포로 신분이셨습니다.

전쟁포로에 대한 제네바협약은 4조1항을 토대로 제12조, 제13조, 제14조, 제15조가 규정한 포로의 일반적 보호말고도 생명 및 신체에 대한 폭행, 상해, 학대, 고문을 받지 않고 인간의 존엄성을 침해하는 모욕적이고 치욕적인 대우를 받아서는 안 된다. 또한 부당한 재판과 형의 집행도 금지한다고 했습니다. 전쟁포로는 종전 후 지체없이 석방하고 송환돼야 하며 어떠한 경우에도 포로송환을 지연시키는 이유로 되지 않는다(118조) 했습니다. 7.27휴전협정에서도 재확인되었습니다. 전쟁포로에 대한 개념도 폭이 넓어 직접 전투에 참여하지 않았어도 지원인력도 포로대우를 받아야 하고 특히 선생님들께 적용한 유격활동 또한 당연히 전투원으로 전쟁포로개념에 속한다할 것입니다.

많이 요동치고 있지만 오늘 남북사이엔 대결시대에서 화해와 단합의 판문점시대를 맞고 있습니다. 비록 늦었지만 이제라도 가능하면 선생님께서 한평생 염원이셨던 사랑하는 조국과 가족품으로 돌아가실 수 있기를 손 모아 빌어 봅니다.

발간사

민플러스 편집국장 **김장호**

허찬형 선생은 구순의 나이에도 귀만 조금 어두웠을 뿐 너무나도 기억이 또렷하고 정정했다. 이 책이 구체적 사실에 대한 생생한 기록으로 될 수 있었던 이유는 선생의 남다른 특별한 기억력 덕분이다.

개인의 삶이 아니라 집단의 기록으로 남기고 싶었다는 선생의 뜻에 따라 늦었지만 책으로 펴내게 되었다. 피로 쓴 옥고를 흔쾌히 내어주신 선생께 감사드린다.

선생은 압록강변 삭주에서 태어나 식민지의 비애와 해방을 겪고, 전쟁과 빨치산 3년을 거쳐 감옥살이 15년 후 출소하여 남쪽에서 반백을 살았다. 일제하, 해방된 북, 또 하나의 조국 남녘, 이렇게 3개의 조국을 살아오신 분이다.

일제 침략기 10대의 나이에 가혹한 노동에 내몰렸지만 끈질기게 살아남은 과정이 어제 일처럼 생생하다. 8.15해방의 날, "해방이 내 배를 채워줍니까?"라는 소년의 질문 역시 귀에 쟁쟁하다.

해방된 북녘땅에서 청년의 황금기를 보내는 과정이 그림 그리듯 다가온다. 그 심리와 상황, 일화들이 막 해방된 조국땅의 분위기와 맞물리면서 상상력을 자극한다. 해방 직후 북녘사회를 이해하는데 큰 도움이 될 것이다.

전쟁이 개시되고, 참전하는 과정을 38도선상에서 직접 겪은 이야기도 흥미롭다. 당시 북의 인민군대가 6.25전쟁을 어떻게 바라보고 임했는지

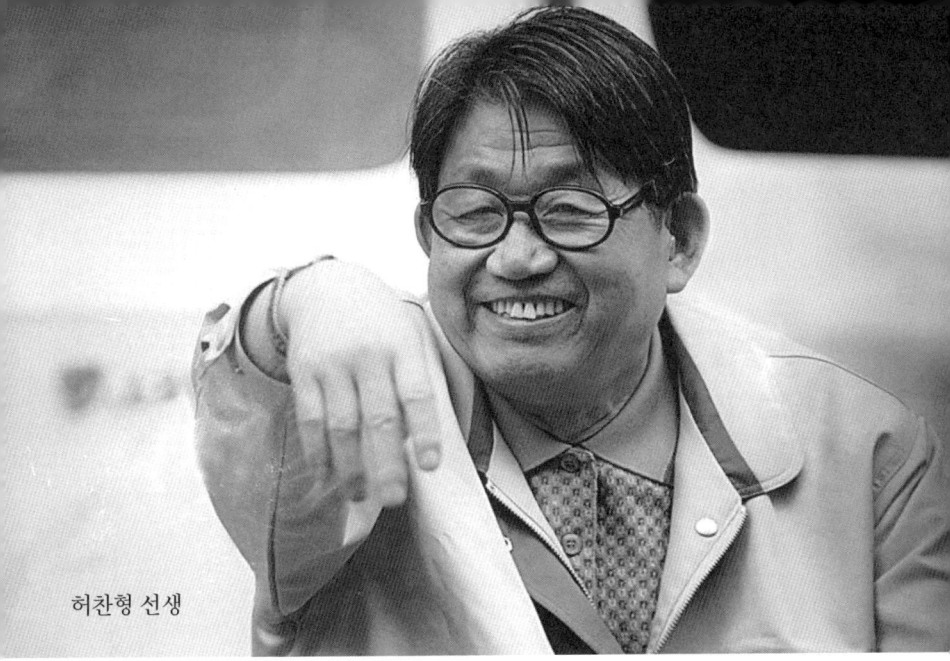

허찬형 선생

이해할 수 있는 장면이 나온다.
 선생은 전쟁포로였지만, 빨치산 투쟁을 했다는 이유로 북으로 송환되지 못하고 남녘 땅에서 장기수로 살아야 했다. 출옥 이후에도 철창이나 다름없는 생활을 하였다. 그럼에도 불구하고 가정도 이루고 남들에게 베풀며 꿋꿋하면서도 너무나 평범한 삶을 살아오셨다.
 허찬형 선생의 생애는 인민군 포로라는 총탄이 빗발치는 포연의 자욱들을 담고 있지만, 끈질기고 생명력있는 노동자로서의 삶이 녹아나 있기에 특별한 체취를 느끼게 된다. 전쟁과 포화의 한 가운데를 살아온 삶에 대한 기록이지만 이상하게도 선생의 구술은 하나된 조국을 바라는 한 노동자의 담담하고 잔잔한 이야기처럼 들리는 이유는 무엇일까.
 이 책은 그것을 말해준다. 세 개의 조국을 살아온 깨끗하고 투명한 한 노병의 세계에 함께 들어가 보자. 선생의 생애와 조국의 미래를 공감하는 작은 계기가 되길 바란다.

차례

추천사 - 6
허찬형 선생님 회고록 출간에 부쳐

발간사 - 12

1부. 잃어버린 조국 - 18
제 땅조차 갖지 못한 가난한 소작농의 아들 ··· 20
강제로 끌려간 근로보국대 ··· 22
목숨을 건 탈출과 만주 도피 생활 ··· 26
해방이 내 배 채워줍니까? ··· 34

2부. 새로운 조국 - 36
잘살고 못사는 것은 우리의 몫 ··· 38
민주청년동맹에 가입하다 ··· 40
지지와 성원 속에 열린 8.15 기념 연극제 ··· 41
배움을 실천하기 위해 자원한 보안대 ··· 47
자랑스러운 해방 조국의 군인 ··· 51
남북이 갈라졌음을 일깨운 38경비 임무 ··· 53
피나는 노력으로 우등 졸업한 공병특수학교 ··· 56

3부. 조국통일전쟁 - 60

1950년 6월 25일 새벽	⋯ 62
옹진 해방과 화선 입당	⋯ 64
조국통일전쟁의 최후 일전 낙동강 전선으로	⋯ 66
피 맺힌 후퇴길, 보광리에서	⋯ 67
심장에 남은 임순이 동지	⋯ 70
속리산에서 덕유산으로 이어진 입산 투쟁	⋯ 74
혹한을 뚫고 지리산으로 행군	⋯ 77
57사단 순회 기동투쟁	⋯ 83
통쾌한 오도산 전투 승리	⋯ 92
부상과 순이의 수혈	⋯ 100
중환자 비트에서 포로로 잡히다	⋯ 104

4부. 전쟁 포로 또는 비전향 사상범 - 110

공포의 제2포로수용소와 변절자들	⋯ 112
이인모 선생을 만나다	⋯ 114
전쟁 포로를 대상으로 한 재판놀이	⋯ 118
사상범 분류 공작	⋯ 121
대전형무소 탈옥 모의 사건	⋯ 122
마산형무소 재소자 인권 개선 투쟁	⋯ 125
출옥	⋯ 127

5부. 또 다른 조국 - 132

노점상을 하며 새로운 사회에 적응하려 노력하다	⋯ 134
판잣집 방 한 칸으로 시작한 결혼생활	⋯ 135
계속되는 감시와 이사	⋯ 140
지프차 납치 사건	⋯ 141
박춘미 백일 사건	⋯ 144
어이없이 이어진 재수감	⋯ 146
동지들과 함께 라면	⋯ 148
아내 체면을 살려준 동지	⋯ 151
다시 보광리를 찾아서	⋯ 154
글을 마치며	⋯ 158

부록. 또 다른 동지 - 160

허찬형 선생과의 대담	⋯ 162
허찬형 선생님 손녀 허수정 양의 글	⋯ 171
영원한 청년의 기상으로 살아오신 선생님께	⋯ 173
수도산 탐방기	⋯ 175
허찬형 선생의 뒤자취	⋯ 178

허찬형 선생(2003)

1부. 잃어버린 조국

제 땅조차 갖지 못한 가난한 소작농의 아들

나는 일본제국주의가 강제로 우리 주권을 빼앗고 강토를 침탈한 지 19년이 지난 1929년 4월 16일 평안북도 삭주군 외남면 수령골에서 태어났습니다. 제 식구 입에 풀칠할 곡식 한 톨 심을 땅조차 갖지 못한 두메산골 소작농의 7남 3녀 중 막내였지요.

가난했지만 부지런했던 부모님은 혹독한 삶을 대물림하지 않으시려고 자식들 뒷바라지에 참 많이 애쓰셨습니다. 두 분은 비록 까막눈이었어도 더 나은 삶을 살려면 배우고 익혀야 한다는 것쯤은 이미 알고 계신 현명한 분들이었습니다.

나는 일곱 살 무렵에 글방을 다니면서 천자문을 익혔습니다. 〈명심보감 계명편〉까지 읽던 기억이 아직도 생생한 걸로 보아 아마 글방 다니고 글 배우는 게 꽤나 좋았던 모양입니다.

더 큰 다음 '학명제학원'에 입학했는데, 나아지지 않는 가정 형편으로 4학년 때 그만두었습니다. 그 후 나는 어머니를 따라 학교가 아닌 생활 전선에 나서야 했습니다. 하지만 언제 어디서나 배우고 익히려는 열망은 지금까지 여전합니다.

내 나이 열두세 살쯤이었습니다. 청년이 된 형님들도 닥치는 대로 일을 했지만 집안 살림은 나아지기는커녕 점점 더 어려워졌습니다. 그때는 일제가 대동아공영권이라는 미명 아래 동남아시아 일대까지 전쟁터를 만들며 태평양전쟁을 벌이기 시작한 터라 사람이며 물자며 착취와 수탈이 날로 심해졌습니다. 식량배급이 끊긴 것은 물론이요, 설령 돈이 있다 해도 생필품 구하기가 하늘의 별따기였습니다. 이 땅 민중들이라면 너나 할 것 없이 빈곤과 결핍으로 고통받는 게 일상이었지요.

어머니는 몇 해 전 대홍수로 한 해 농사를 다 잃은 뒤부터 집안일은 맏형님에게 맡기고 어린 나를 데리고 행상을 다녔습니다. 평안북도 운산군 대우동의 금광이며 창성군 전창면의 중석광, 수풍수력발전소 건설 현장까지 배고픈 일꾼들이 모이는 공사장마다 먼 길을 마다하지 않고 떡과 빈대떡, 두부를 팔았습니다.

그러다 어느 산간벽지 화전농가에서 김매기 품삯으로 곡식을 준다는 소문이 우리 마을까지 들려왔습니다. 어머니는 식구들에게 따뜻한 밥 한 그릇 먹이려고 한걸음에 달려갔지요.

화전이라는 것이 산골짜기 나무를 베고 태워서 만든 경작지라 대개 지세가 가파르고 험합니다. 어머니는 경사가 크게 비탈진 화전에서 김매기를 하다 그만 낙상하고 말았습니다.

낙상사고로 큰 병을 얻은 어머니는 약값이 없어 변변한 치료조차 받지 못하고 이십여 일 앓다 세상을 떠났습니다.

어머니를 허망하게 잃은 고통을 어찌 말로 다 할 수 있을까요. 지금도 가슴 한구석에 지워지지 않는 큰 슬픔입니다.

불행은 꼬리를 물고 찾아온다고, 어머니가 돌아가신 지 얼마 지나지 않아 맏형님의 아이들인 아홉 살, 여섯 살 그리고 젖먹이 조카가 모두 홍역을 앓다 세상을 떠났습니다. 셋째 형은 벌목현장에서 사고로 죽고, 그 다음에는 둘째 형의 아들 형제마저 홍역으로 세상을 떠났습니다.

일 년도 안 되어 일곱 식구가 줄줄이 세상을 등져 아버지와 맏형 내외 그리고 나와 조카 다섯 명만 남았습니다.

나를 비롯해 남은 식구들은 연이어 가족을 잃은 슬픔과 계속되는 굶주림으로 몸과 마음이 피폐할 대로 피폐해 하루하루 죽지 못해 살아갔습니다. 그러다 난데없이 내게 일제의 근로보국대 차출 통지서가 날아왔습니다.

강제로 끌려간 근로보국대

근로보국대 차출 통지서가 나왔을 때 나는 겨우 열네 살이었습니다. 나이가 차지 않아 대상이 아니었지요. 나중에 알고 보니 담당 면직원이 어느 부자에게 뇌물을 받고 엉뚱하게 나를 대신 차출 명단에 올린 것이었습니다.

뻔뻔한 면사무소 직원은 3개월만 일하면 집에 돌아올 수 있다며 나를 구슬렸습니다. 나는 억울하다 말 한마디 못하고 1942년 4월 평안남도 개천군 용원리 철광산으로 끌려갔습니다.

나처럼 삭주군에서 용원리 철광산으로 차출당한 일행은 약 백여 명 정도였습니다. 우리 지역 말고도 다른 지역에서 마구잡이로 차출했을 테니 얼마나 많은 조선 젊은이들이 일제의 강제노역에 시달렸을까요.

철광산에 도착하자마자 기숙사 방 하나에 십여 명씩 쓰도록 방 편성을 했습니다. 좁디 좁은 기숙사 생활은 차치하고, 사방이 온통 철조망에다 무장한 헌병이 출입구를 지키고 있어 마치 감옥에라도 끌려온 듯했습니다.

어찌나 불안하고 긴장했는지 철광산에서 먹은 첫 끼니가 아직도 떠오

릅니다. 저녁 식사 호출 신호에 따라 식당에 몰려가서 콩깨묵밥과 콩나물국을 먹었는데, 입으로 들어가는지 코로 들어가는지 모를 지경이었습니다.

정신없던 저녁 식사를 마치고 우리는 어느 장소에 모였습니다. 철광산을 탈출하다 붙잡힌 사람들을 고문하는 곳이었습니다. 마치 우리에게 경고라도 하는 듯 도망자의 팔다리를 묶은 뒤 헌병 너댓 명이 돌아가며 흠씬 두들겨 팼습니다. 이런 무자비와 공포는 태어나 처음이었습니다. 너무 놀라고 두려워서 덜덜 떨기만 했습니다.

그날 밤 나는 저녁에 봤던 끔찍한 장면과 앞으로 닥칠 일들을 걱정하며 뜬눈으로 밤을 새웠습니다.

다음날부터 매일 아침 6시에 일어나 아침 식사를 하고 작업장으로 향하는 일이 반복되었습니다. 십 리의 절반쯤 되는 약 2km를 두 줄로 서서 걷고 또 걸었습니다. 중간중간 보조 헌병 감시원이 매의 눈으로 지켜보는데 마치 죄수나 전쟁 포로가 된 기분이었습니다.

우리가 일하는 곳은 노천 철광 현장이었습니다. 지표에서 바로 광물을 캐내는 광산이었지요. 우리는 지면의 흙을 없애고 철광석을 채취했습니다. 허리 펼 틈 없이 곡괭이질과 삽질을 하고, 채취한 철광석을 가득 채운 리어카를 끌고 쉼 없이 왔다 갔다 하는 중노동이었습니다.

철광석 작업장이 얼마나 지옥 같은지, 다들 첫날 고문장에서 도망치다 붙잡혀 참혹하게 매 맞는 장면을 지켜봤으면서도 이곳을 탈출하려는 시도가 끊이지 않았습니다.

보름이 채 지나지 않아 우리 일행은 아홉 명만 남고 모두 도망치거나

붙잡혀 산송장 신세가 되었습니다.

남은 아홉 명도 상태가 나쁘기는 매한가지였습니다. 나를 빼고 여덟 명 모두 '간질'이라고도 부르는 뇌전증 환자였습니다. 영양 부족과 중노동에 시달려 때와 장소를 가리지 않고 두세 명씩 번갈아 발작을 했습니다.

멀쩡히 일하다가 순식간에 여기서 쓰러지고 저기서 쓰러지는 일이 반복되었습니다. 이러다 나도 정신을 잃고 쓰러질 것만 같아 미쳐버릴 듯했습니다.

남은 일꾼들의 뇌전증 증세는 일을 하지 못할 만큼 점점 심해졌습니다. 현장 관계자는 괜히 골치 아프게 송장 치르겠다 싶었는지 그들을 집으로 돌려보냈습니다. 그렇게 삭주에서 함께 끌려온 백여 명 가운데 남은 일꾼은 오직 나 혼자뿐이라, 사람들은 나를 '삭주 외톨이'라 불렀습니다.

현장 감독들은 혼자 남은 나를 딱하게 여겼는지 곡괭이와 삽질 작업에서 좀 더 쉬운 일로 바꿔주었습니다. 새로 맡은 일은 진흙을 이겨 12~13cm 정도로 흙떡을 만드는 일이었습니다. 다이너마이트 발파 작업 때 구멍에 다이너마이트를 넣고 나머지를 흙떡으로 메꾸는데, 이 흙떡을 '안고'라고 불렀습니다. 하지만 좀 더 쉬운 일이기는 하나 쉼 없이 일해야 하니 고되기는 마찬가지였습니다.

목숨을 건 탈출과 만주 도피 생활

어느덧 지긋지긋한 시간이 흘러 근로보국대로 끌려온 지 3개월이 다 되었습니다. 나는 약속한 기간을 다 채웠으니 집으로 보내달라고 부탁했습니다. 하지만 현장 관계자는 안 된다며 단칼에 거절했습니다. 삭주군에서 차출된 일꾼들이 나만 빼고 다 도망갔으니 제가 그들의 남은 몫을 채워야 한다는 이유였습니다.

참으로 어처구니없어 나는 할 말을 잃었습니다. 나와 함께 끌려온 삭주군 일꾼이 백여 명이었는데, 그들 몫을 다하려면 삼백 달 그러니까 이십오 년을 꼼짝없이 잡혀 있어야 한다는 소리였으니까요

나는 하도 기가 막히고 억울해서 누구라도 붙잡고 하소연하거나 소리 높여 항의하고 싶었지만 큰 소리로 우는 일 말고는 아무것도 할 수 없었습니다. 관리자들은 그런 나를 보며 일이나 하라고 윽박지를 뿐이었습니다.

나는 근로보국대 관계자라면 누구라도 믿을 수 없게 되었습니다. 차라리 잡혀서 죽는 한이 있더라도 이곳에서 지긋지긋한 노동 착취를 당하는 것보다 낫겠다 싶어 탈출을 결심했습니다.

근로보국대 탈출은 목숨을 거는 일이라 그 어느 때보다 신중하게 계획을 세워야 했습니다. 나는 탈출을 결심한 날부터 자나 깨나 여러 탈출 방법들을 고민했습니다. 그러다 계획에 확신이 서자 곧바로 실행에 옮겼습니다.

우선 탈출한 뒤 갈아입을 새 옷이 필요했습니다. 지금 입고 있는 작업복에는 누가 봐도 철광산 노동자라는 흔적이 고스란히 묻어 있으니 이대로 탈출한다면 사람들 눈에 띄어 붙잡히기 십상일 테니까요.

탈출 시각은 한밤중보다 대낮으로 잡았습니다. 나는 누가 봐도 근로보국대 대상이 아닌 어린 나이였으므로 괜히 한밤중에 수상쩍게 움직이기보다 차라리 대낮에 자연스레 움직이는 것이 의심을 덜 사겠다 싶었습니다.

결심이 서자 나는 기숙사 안팎을 오가는 떡장수 할머니에게 부탁해 할머니댁 주소로 고향에 있는 형님께 편지를 띄웠습니다. 그로부터 일주일쯤 지나 형님은 편지에 씌어진 대로 옷 한 벌과 차비 그리고 미숫가루를 들고 면회를 왔습니다.

나는 형님을 돌려보낸 뒤 다음 계획을 세웠습니다. 탈출에 성공하려면 무엇보다 외부 정보를 파악하고 탈출로를 정하는 것이 중요합니다. 나는 현장 감독에게 소화불량과 쇠약증으로 일을 제대로 못 하겠다며 치료받게 해달라고 떼를 썼습니다. 그동안 성실하게 일한 덕분인지 현장 감독은 미심쩍어하다 마지못해 진료의뢰서를 내주었습니다.

나는 진료의뢰서를 들고 경비들이 삼엄하게 지키는 근로보국대 기숙사를 나와 공의원(지금의 보건소)에 갔습니다. 의사는 별다른 진찰 없이 소화제 몇 봉지를 주면서 이삼일 더 나오라고 했습니다.

기숙사에 돌아와 현장 감독에게 보고했더니 의사 처방에 따르라며 이삼일 더 외출할 수 있도록 허락했습니다. 나는 떨리는 마음을 진정시키고 다음 할 일을 정리했습니다. 공의원까지 오가는 며칠 동안 주변 상황을 치밀하게 살피고 안전한 탈출로를 정해야 했습니다.

탈출로 윤곽이 잡히자 내 심장은 터질 듯이 빨리 뛰었습니다. 마음 같아서는 당장이라도 뛰쳐나가고 싶었지만 조금 더 신중하게 병원 치료가 끝나는 마지막 날에 실행하기로 결심했습니다.

치료가 끝나는 마지막 날, 초조하고 흥분된 마음을 감추고 오전 10시쯤 병원에 간다고 보고한 뒤 기숙사를 빠져나왔습니다. 나는 기숙사를 경비하는 헌병들 감시에서 벗어나자마자 정신없이 뛰었습니다. 용원리에서 개천읍 역까지 사오십 리 길을 뒤도 돌아보지 않고 내달렸습니다. 그날 오후 2시쯤에야 개천읍 역에 다다랐는데, 온몸이 땀에 젖어 마치 물에 빠진 생쥐 꼴이었습니다.

물론 역까지 오는 동안 한 번 검문을 받기도 했습니다. 하지만 근로보국대를 탈출한 노동자로 보기에는 나이가 어려서인지 크게 의심을 사지 않았습니다. 검문소를 지키는 헌병이 어디 가느냐고 묻기에, 나는 용원리에 사는데 개천읍에 사는 외숙부가 돌아가셨다는 연락을 받고 초상집 가는 길이라며 둘러댔습니다. 자칫 의심을 사고 들킬까 봐 심장이 콩 볶듯 뛰었지만 다행히 잘 넘어갔습니다.

나는 형님이 마련해 준 차비로 개천읍에서 정주까지 가는 경평철도 기차표를 샀습니다. 기차 좌석이 승객끼리 서로 마주 보며 앉게 되었는데, 나는 사람들과 눈을 마주치지 않으려 창 밖을 내다봤습니다.

기차는 내내 청천강변을 따라 달렸습니다. 창밖으로 보이는 청천강은 눈이 부실 만큼 깨끗하고 아름다웠습니다. 목숨을 건 탈출 끝에 맛보는 자유 때문인지 그 어떤 경치도 그날 차창 밖을 스쳐 지나간 청천강변과 비교할 수 없었습니다. 내가 만약 죽기 전에 고향으로 송환된다면, 또 통일이 되어 남북이 자유로이 오갈 수 있게 된다면 후배들과 철도를 타고 청천강변을 다시 한번 달리고 싶습니다.

그날 저녁 일곱 시 무렵 나는 지친 몸을 끌고 겨우 집에 도착했습니다. 그리운 식구들 얼굴을 보니 몸은 만신창이였지만 마음만은 식구들 하나하나 업어주고 싶을 만큼 반가웠습니다.

하지만 집에 돌아왔다는 기쁨도 잠시뿐이었습니다. 남들 눈을 피해 몰래 숨어지냈지만 근로보국대 탈출 소식을 들은 담당관들은 시도 때도 없이 찾아와 온 동네를 수소문하고 다녔습니다. 심지어 가족들을 불러다 취조하며 협박을 했습니다. 가족과 내가 모두 안전하려면 더이상 집에 숨어지낼 수 없었습니다. 나는 집을 돌아온 지 얼마 되지 않아 다시 멀리 떠나기로 마음먹었습니다.

용원리 근로보국대에서 탈출에 성공했지만 각 지역에 퍼진 근로보국대 담당관들에게 언제 어떻게 검문을 당할지 알 수 없는 노릇이었습니다. 나는 다시 집을 떠나 만주로 향했습니다.

이번에는 다행히 혼자만의 외롭고 긴장된 탈출이 아니었습니다. 평생 남의 땅을 빌어 농사짓던 아버지처럼 소작농이던 형님이 날품을 파는 노동자가 되더니 나와 함께 만주로 떠나기로 한 것입니다.

우리 형제는 동북지방인 관전과 길림, 하얼빈을 떠돌았습니다. 하루하루 날품을 팔며 겨우겨우 도피 생활을 이어갔지요. 낯선 땅에서 늘 불안에 휩싸인 채 나는 조국을 잃은 슬픔을 한없이 느꼈습니다.

동북지방을 여기저기 떠돌다 나는 운 좋게 탄광에 취직하게 되었습니다. 용원리 철광에서 일한 경험이 있으니 해볼 만하다 싶었는데, 그곳과는 천지 차이였습니다. 용원리 철광은 노천 철광이라 지면에서 곡괭이질과 삽질로 철광석을 채취했지만, 이곳은 땅속 깊이 굴을 파고 철광석을 채취해야 했습니다. 게다가 안전시설을 제대로 갖추지 않아 자칫하다가는 굴속에서 생매장당하게 생겼습니다.

　피난처라고 찾아왔더니 무덤이 되는 것인가 싶어 또다시 탈출을 결심했습니다. 하지만 이곳도 일제 통치 아래 있었기에 근로보국대 눈을 피해 탈출하기가 여간 어려운 일이 아니었습니다. 들어오는 것은 쉽게 허락했지만 나가는 일은 철저하게 통제했습니다.

　나는 이번에도 목숨을 걸고 탈출했습니다. 여기저기 눈을 피해 떠돌이 생활을 하다 황인현에 있는 황인수력발전소 건설 현장에 가서 자갈 운반을 했습니다.

　자갈 운반 일은 일한 만큼 품삯을 받는 도급제였습니다. 나는 어떻게든 한 푼이라도 더 벌기 위해 몸이 망가지는 줄 모르고 일하다 보니 손마디가 붓는 것은 물론이요 손바닥 전체가 불어터져 온통 물집투성이였습니다.

　할 수 없이 자갈 운반을 그만두고 삭광기 일을 맡았습니다. 삭광기 일은 공기 힘을 이용해 발파구멍을 뚫는 일이었습니다. 이 일도 도급제라 일한 만큼 품삯을 받는데, 기술이 필요한 일이다 보니 적응하기까지 애를 먹었습니다. 정이 박혀 돌지 않으니 내다버리는 일이 한두 번이 아니었습니다. 이렇게 힘들게 일하며 일 년여를 떠돌다 다행히 근로보국대 탈출 사건이 잠잠해져 고향에 돌아올 수 있었습니다.

해방이 내 배 채워줍니까?

나는 고향에 돌아와 송탄유공장에 취직했습니다. 그때 일제는 승리를 장담하던 태평양전쟁에서 전세가 뒤집혀 연거푸 패전 중이었습니다. 벼랑 끝에 몰린 일제는 전쟁물자를 대고자 더 악착같이 착취와 수탈에 매달렸습니다.

몇 남지 않은 곡식을 땅속에 숨겨 놓아도 귀신같이 파헤쳐 빼앗고, 쇠 종류라면 놋쇠 밥그릇이며 젓가락 한 짝까지 죄다 챙겨갔습니다. 그것도 모자라 집집마다 관솔나무, 머루나무, 싸리나무 등을 수십 관씩 배정해 벌목하도록 강요했습니다. 보통학교에 다니는 어린 학생들조차 벌목에 동원될 정도였습니다.

사람들은 일제에 조국을 빼앗긴 것도 모자라 말과 글을 빼앗기고 세간 살림을 통째로 빼앗기게 되었다며 더욱 분노했습니다. 하지만 나는 먹고 사는 문제를 무엇보다 먼저 해결하는 것이 당면과제였습니다. 일제가 운영하는 공장일지라도 어떻게든 살아남아 일을 해야 했습니다.

약 일 년여 동안 송탄유공장을 다니며 착실하게 돈을 벌고 있을 때였습니다. 1945년 8월 15일 마침내 조국이 해방되었습니다. 집집마다 거리마다 민중들이 만세를 목청껏 외치는 소리에 온 나라가 들썩였습니다. 하지만 나는 공장에서 일에 열중하느라 무슨 일이 벌어지는지 미처 알지 못했습니다.

다음날인 8월 16일, 여느 때처럼 공장에 출근했는데 어쩐 일인지 동료들이 한 명도 보이지 않았습니다. 그러다 집에 돌아오는 길에 마침 공장에서 같이 일하는 동료 한 분을 만났습니다.

"너 어디 갔다 오는 거니?"

"공장에 다녀오는 길이에요."

"이 바보 같은 자식아! 공장은 무슨 공장이냐. 일본놈들이 다 망했는데. 우리 조선은 해방된 거야. 해방이라고!"

그분은 얼굴이 한껏 상기된 채 목소리를 높였습니다. 그러고는 내게 조선 사람이라면 당연히 기뻐 날뛸 이 큰 경사를 어찌 모르냐며 핀잔을 주었습니다.

생각지도 못한 엄청난 소식에 크게 놀랐지만, 정작 입 밖으로는 엉뚱한 소리가 나왔습니다.

"해방이 내 배 채워줍니까?"

혹독한 굶주림과 병으로 가족을 줄줄이 잃은 뒤 먹고살기 위해 타지에서 떠돌이 생활까지 하고 나니 어느새 나는 세상을 냉소로 바라보게 되었나 봅니다.

그러자 그분은 기가 막히다는 듯이 말했습니다.

"야 이놈아! 배우지 못하면 병이야. 이제 우리 조선은 마음껏 배불리 먹을 수 있게 되었단 말이다. 어쨌든 내일 읍에서 조선 해방 독립 만세 행사가 있으니 거기서 꼭 만나자!"

그분은 신신당부하며 내가 더 묻기도 전에 가버렸습니다.

나는 그제야 허둥지둥 집으로 돌아와 전해 들은 소식을 곱씹어봤습니다. 나는 날 때부터 조국을 잃어버렸는데, 이제 조국이 해방되었다니 도통 실감할 수 없었습니다.

그날 이 생각 저 생각으로 머릿속만 복잡해져 잠을 제대로 잘 수 없었습니다. 아무래도 조국 해방 독립 만세 행사에 참석해서 무슨 일이 벌어진 것인지 지켜보고 싶었습니다.

2부. 새로운 조국

잘살고 못사는 것은 우리의 몫

조국이 해방되었다는 것은 도대체 무엇을 의미할까요? 일제가 물러난 다니 앞으로 어떤 일이 벌어질까요? 나는 설렘과 기대감으로 밤새 잠을 설쳤습니다.

1945년 8월 17일, 나는 눈을 뜨자마자 아침밥을 먹는 둥 마는 둥 하고는 조국 해방 독립 만세 행사가 열리는 읍내 보통학교 운동장으로 달려갔습니다.

그곳에는 벌써 많은 사람이 모여들었습니다. 오전 10시가 되자 넓은 학교 운동장에 발 디딜 틈조차 없이 사람들로 가득 찼습니다.

살벌하던 일본인 헌병이나 경찰 대신 자치 치안자위대 완장을 찬 대원들이 행사장 안전을 위해 경비를 섰습니다.

드디어 높이 마련된 단상에 주요 인사 대여섯 명이 오르자 우레와 같은 함성과 만세 소리가 운동장에 가득 울려 퍼졌습니다.

"만세! 만세! 조선 해방 만세!"

나도 있는 힘껏 조선 해방 만세를 외쳤습니다. 이전에 한 번도 겪어보지 못한 일이라 온전히 알 수 없지만, 달라진 공기만으로도 해방이 무엇인지 어렴풋하게나마 실감할 수 있었습니다.

나는 모든 감각을 집중하며 단상에 오른 인사들의 말에 귀를 기울였습니다.

그중 한 분이 운동장에 모인 군중들을 향해 연설을 시작했습니다.

"여러분! 광폭한 압제의 세상도 끝이 있듯이, 썩은 제국주의 침략의 역사는 무너졌습니다. 우리 조선 민족은 36년이라는 긴 세월을 영토와 주권을 강탈당하고 일본제국주의자들의 식민지 노예로 생활하다가 감격에 찬 해방을 맞이했습니다. 여러분, 이 해방은 국내외에서 활동한 많은 애국투사들과 저 장백산에서 목숨 바쳐 활약한 항일투사들의 목숨과 피의 열매입니다. 이제 우리나라가 잘살고 못사는 것은 여러분의 몫입니다."

나는 비로소 온몸에 전율이 흐르는 것을 느꼈습니다. 우리나라가 잘살고 못사는 것은 우리의 몫이라니 당장이라도 내가 할 일을 찾아 제 몫을 하고 싶었습니다.

"
해방이 오네 이 철부지 소년에게 해방이 오네
가난과 굶주림 훨훨 털어버리는 해방이 오네
아침 붉은 햇살 마시며 학교 가는 동무들의 그리움
이제 내게도 오네 해방이 오네
마음껏 배움의 천지가 왔네 해방이 왔네

동무여 우리들은 조선의 병사다
빛나는 우리 영토 보위할 자 누구냐
인민의 생명 위해 투쟁할 자 누구냐
평화의 성벽이다 조선의 보안군
조선의 아들 딸아 단결하여 나가자
싸우자 발 맞추며 용감하게 나가자라
"

<당시 불리우던 노래>

민주청년동맹에 가입하다

조국 해방은 사회와 나를 빠르게 변화시켰습니다. 가장 큰 변화는 바로 토지개혁이었습니다. 무상몰수 무상분배의 원칙에 따라 직접 밭갈이하는 농민들에게 땅이 주어진 것입니다. 노동 없이 배불리던 친일파, 민족반역자, 대지주들의 땅을 빼앗아 뼈 빠지게 노동하면서도 가난을 대물림하던 소작농들에게 나누어준 것입니다.

덕분에 평생 남의 땅을 빌어 농사짓던 아버지에게 난생처음 천여 평의 땅이 주어졌습니다. 비로소 이 땅의 주인이 된 아버지와 우리 가족은 세상이 달라졌음을 실감하며 부지런히 일했습니다.

나는 하루 종일 밭에서 일하고, 밭일이 끝나면 지게에 땔나무를 가득 싣고 집에 돌아왔습니다. 일이 고되고 지긋지긋하기는커녕 힘이 솟는 듯했습니다. 남을 위해 일하는 것이 아니라 나를 위해 일하는 것이라 생각하니 힘이 들 리 없습니다.

나는 날마다 저녁 밥술 놓기 무섭게 마을 모임방에 나갔습니다. 마을 모임방에서는 강습회와 토론회, 시사독보회(시사토론)가 열렸습니다. 우리 마을 모임방은 주로 주지도 선생이 이끌었습니다.

토지개혁뿐만 아니라 다른 민주개혁들도 빠르게 진행되었습니다. 노동법과 남녀평등권을 토대로 8시간 노동제와 남녀 동일노동 동일임금제, 사회보장제가 실시되었습니다. 교통, 통신, 운수, 체신, 은행 등 산업 국유화도 진행되었습니다.

민주개혁을 주제로 밤늦도록 토론하기도 했는데, 새로운 지식을 쌓는 일은 휴식보다 더 달콤했습니다. 그동안 혹독한 굶주림에 시달리면서 먹고사는 일밖에 생각할 겨를이 없었는데, 오랜만에 잊고 있던 학습에 대한 열망이 다시 살아나는 듯했습니다.

주지도 선생은 그런 나에게 각별히 관심을 보이며 많은 것들을 가르쳐 주었습니다. 주지도 선생은 나의 앞날을 밝혀준 잊지 못할 고마운 은사인 셈입니다.

나중에 알게 된 것인데, 주지도 선생은 남평리 세포위원장을 맡았으며 군에 입대한 뒤에는 평안북도 도당으로 소환되었다고 합니다.

조국이 해방되고, 세상은 하루가 다르게 변화했습니다. 많은 단체가 저마다 기치를 내세우며 간판을 내걸었습니다. 남평리에도 민주청년동맹이 출범했습니다. 나는 기꺼이 민주청년동맹에 가입했습니다. 민주청년동맹 동지들과 함께하면서 나는 점점 더 활동을 넓혀갔습니다.

지지와 성원 속에 열린 8.15 기념 연극제

1947년 6월 초순 어느 날, 주지도 선생이 남평리 민주청년동맹 회원 가운데 소년 단원들을 불러모았습니다.

"동무들, 나와 동무들은 함께 손잡고 해방 후 오늘날까지 남평 2구에서 많은 어려움을 극복했습니다. 생사고락을 같이하는 과정에서 배움도 많았습니다."

주지도 선생은 그동안 우리가 해온 성과를 모두 되새기며 기운을 북돋았습니다. 이어서 우리에게 이런 계획도 제안했습니다.

"8.15 광복 2주년이 약 2개월 여 남았습니다. 조국이 해방된 지 어느새

2년이 다 되어가지만, 아직까지 우리 주위에는 곱지 못한 시선으로 우리를 바라보는 이들이 있습니다. 아마 여러 동무들 가족 중에도 여러분이 이 자리에 나오는 걸 달갑게 여기지 않는 부모님도 계실 테지요. 물론 기꺼이 반기시는 부모님도 계시겠지만, 지금이 우리를 향한 부정적인 시선을 거두고 우리가 해온 일들을 제대로 평가받을 수 있는 좋은 기회라고 생각합니다. 그래서 이번 8.15 2주년 기념행사에 동무들의 부모와 형제자매는 물론 남평리 1동과 2동의 동민 어르신들을 모시고자 합니다. 우리는 이번 8.15 기념행사에서 연극을 공연하려 합니다. 우리의 신념과 의지 그리고 활동들을 진솔하게 전달해 그들의 지지와 성원을 끌어내는 것이 어떻겠습니까?"

주지도 선생의 연극제 제안은 말만 들어도 신명이 났습니다. 단원들이 관심을 보이자 주지도 선생은 흐뭇하게 주위를 둘러보며 말을 이어갔습니다.

"연극 대본은 이미 준비되었습니다. 물론 어려움도 있겠지만 동무들과 제가 힘을 모아 성의껏 준비한다면 반드시 성공하리라 봅니다."

우리가 공연할 연극은 모두 세 편이었습니다. 〈해방의 전날〉은 3막 3장으로 이루어진 비극이었고, 〈못난이 신랑〉과 〈미신에 대한 맹종자들의 각정제〉는 희극이었습니다.

그 중 〈해방의 전날〉은 다른 두 편에 비해 내용이 무척 웅장했습니다. 연극의 배경은 제목에서 알 수 있듯이 일제 강점 아래 펼쳐진 애국투사들, 특히 '번개 장군'과 그의 아내 '김보옥'의 활약을 담았습니다.

조국의 해방을 위해 싸운 애국투사들 가운데 수많은 분들이 피맺힌 독립투쟁을 벌이다 일본 경찰에게 체포되어 감옥에 끌려가거나 사형장의 이슬로 사라졌습니다. 살아남은 애국투사들은 일제의 모진 탄압을 피해 나라 안팎에서, 나아가 장백산에서 항일유격투쟁을 전개했습니다.

당시 김일성장군이 소속된 부대에는 '번개 장군'이라는 혁명투사가 있었습니다. 조국 해방을 위해 일제와 민족 반역자들을 소탕하고 항일유격투쟁을 이어갔지요.

번개 장군의 아내는 '김보옥'이었습니다. 세 살 난 아이를 등에 업고 각종 정보를 수집하며 유격대에 필요한 투쟁 자금 모금 운동을 전개했습니다. 강단이라면 남편인 번개 장군 못지않은 당찬 여성이었습니다.

번개 장군 일행은 조국에 들어와 간악한 일제의 주재소를 습격해 해방시켰습니다. 그리고 거점으로 돌아가는 길에 매복해 있던 일본 경찰들과 전투를 벌이다 장렬히 전사하고 말았습니다.

김보옥은 항상 품에 간직하던 태극기를 꺼내 남편의 시체 위에 덮어주면서 아이를 부둥켜안고 슬픔을 억눌렀습니다.

김보옥이 흐느끼는 순간, 사방 천지에서 '조선 민족 해방 만세' 하는 함성 소리와 함께 '동해물과 백두산이…' 하는 애국가가 우렁차게 울려퍼졌습니다

갑작스런 함성과 애국가 소리에 영문을 몰라 어리둥절하던 김보옥은 그제야 주위 사람들에게서 조국이 해방되었다는 소식을 전해 들었습니다.

김보옥은 해방을 하루 앞두고 세상을 떠난 남편이 너무나 애통해 아이를 부둥켜안고 서러운 울음을 토해냈습니다. 이렇게 무대 전체에 번

개 장군 아내의 애끓는 통곡 소리가 울려퍼지며 서서히 연극 무대가 막을 내렸습니다.

연극이 공연되는 동안 객석에서도 많은 사람들이 다양한 감정들을 드러내며 무대 위 배우들과 함께 호흡했습니다. 특히 마지막에서 번개 장군의 아내가 통곡할 때에는 장내가 온통 울음바다로 변했습니다.

연극이 절정에 다다르면서 그들의 아픔을 함께하는 추도가가 사방에 울려 퍼졌습니다.

"
산에 나는 까마귀야!
시체 보고 울지 마라.
몸은 비록 죽었으나
혁명 정신 살아있다.
"

주지도 선생은 이미 누가 연극의 주요 배역을 맡아야 할지 정해 놓은 듯했습니다.

"번개 장군 역은 이기주 동무가 맡고, 김보옥 역은 허찬형 동무가 맡으면 어떻겠습니까?"

생각지도 못한 내 이름이 불리자 나는 몹시 당황했습니다. 그러자 주지도 선생은 배역을 정한 이유를 설명했습니다.

"이 연극의 주연은 말할 것도 없이 번개 장군과 그의 아내 김보옥입니다. 물론 우리 마을 민주청년동맹에 여성 동무들도 많지만, 이런 행사에 나서는 것은 아직 시기상조가 아닐까 싶습니다. 그러니 남성 동무들이 여성 역할까지 해보면 어떨까요? 제 생각에는 민첩하고 허찬형 동지가 제격일 듯한데 여러분의 생각은 어떻습니까?"

순간 박수와 함께 누군가 큰소리로 외쳤습니다.

"찬형 동무가 여장을 하면 우리 동네에 따라갈 아가씨가 없을 거야!"

다들 한바탕 웃었습니다. 돌이켜보면 그때가 내게는 청춘의 봄날인 듯했습니다.

연극에는 주연배우를 말고도 조단역을 포함해 20여 명 정도가 더 필요했습니다. 다행히 민주청년동맹 동지들이 도와주어 배우를 뽑는 데는 별 무리가 없었습니다. 무대 시설은 이미 설계가 끝났으며, 필요한 비용은 주지도 선생이 사비를 내어 충당했습니다.

"막이 바뀌는 순간 공간을 이용해 독창과 합창이 이어집니다. 명창 이형쇠 동무의 꼴망태와 '장기타령', 최덕관 소녀의 '연락선', 소세 김소라의 '양산도', 가정부와 민주청년동맹 선전부장인 최용환 부부의 합창, '동그랑땡', '영감 배불러' 등을 부르다 보면 약 2시간쯤 걸릴 겁니다. 이 정도 계획이면 어디에 내놓아도 손색이 없다고 봅니다. 끝으로 김장군의 노래 '장백산' 대사를 나누어 줄 테니 암독해 주시기 바랍니다."

주지도 선생의 마지막 당부를 끝으로 우리는 맡은 역할대로 공연 연습을 시작했습니다. 1개월 보름 동안 매일 저녁마다 연습을 했는데, 결과가 매우 좋았습니다. 8월 15일과 16일 이틀 동안 연극을 올릴 예정이었는데, 남평리 1구, 2구는 물론 시내 읍까지 소문이 퍼져 사람들이 몰려드는 바람에 이틀을 더 연장해 공연했습니다.

두 번째 공연하는 날, 민주청년동맹 동지 가운데 한 명이 우스갯소리를 했습니다.

"동무들, 오늘 밤 집에 있는 바가지들을 모조리 가져옵시다."

"바가지는 왜요?"

"어제 공연에서 보셨다시피 어디 울지 않는 사람이 있었습니까? 오늘 밤에는 그 눈물을 받아내야지 그냥 놔두었다가는 공연장이 온통 물바다가 되지 않을까 걱정됩니다!"

이런 농담 하나에도 신이 날 만큼 우리 단원들은 공연 준비에 열중했습니다.

하루는 동네 어르신이 돼지를 잡아 민주청년동맹 동무들에게 잔치를 베풀어주었습니다. 우리는 더욱 사기가 올랐습니다.

마침내 우리 연극 무대가 읍내에까지 소문이 퍼져 초청 공연을 부탁받기에 이르렀습니다.

두 달여 만에 준비한 8.15 기념 연극은 대성공이었습니다. 우리 단원들은 주지도 선생을 얼싸안고 춤을 추었습니다. 매우 좋아 우는 동무들도 있었습니다. 처음 공연을 기획한 대로 각 사회단체는 물론 동네 어르신들로부터 절대적인 지지와 성원, 그리고 지원 약속을 이끌었습니다. 물론 그동안 연극제 준비에 들어간 비용은 물론 앞으로 일할 수 있는 충분한 재원도 확보되었습니다.

배움을 실천하기 위해 자원한 보안대

나는 일제 강점 아래 유년기와 소년기 17년 동안을 가난과 굶주림 속에서 보냈습니다. 배움에 대한 열망은 누구보다 컸지만 가정 형편이 어려워 보통학교도 다니지 못했습니다.

1945년 8.15해방을 맞이한 뒤로는 사회가 급변했습니다. 나는 민주청년동맹에 가입해 강습회와 토론회에 참석하면서 조국과 민족에 대한 인생관을 세울 수 있었습니다.

평생 잊지 못할 주지도 선생을 만난 일도 행운이었습니다. 주지도 선생이 지극한 사랑으로 가르쳐 준 덕에 앞으로 내가 나아갈 방향을 세울 수 있었습니다.

나는 여러 민주청년동맹 활동을 하면서 사회생활에 자신감이 생겼습니다. 그러다 배움을 실천해서 조국에 기여하고 싶다는 생각을 했습니다.

1947년 8월 중순 어느 날, 나는 주지도 선생과 동 인민위원장을 찾아가 보안대 자원입대를 문의했습니다. 나의 신념과 용기를 지켜본 지도 선생은 그 자리에서 추천서를 써주었고, 동 인민위원장은 부친의 승낙서를 써주었습니다. 당시 주지도 선생은 남평 2구 초대 세포위원장이었습니다.

사실 보안대는 아무리 자원한다 해도 부모의 승낙서가 없으면 입대할 수 없었습니다. 부모들이 뒤늦게 알고 찾아와 누구의 허락을 받고 내 자식을 입대시켰냐며 따지는 소동이 종종 벌어졌기 때문입니다.

나는 아버지가 절대 승낙하지 않으리라는 것을 알기에 할 수 없이 아버지 인감을 몰래 훔쳐서 부모 승락서 난에 도장을 찍었습니다.
나는 그 길로 삭주군에 있는 보안 중대본부를 찾아갔습니다. 보안대 정문 앞에 다다르자 떨리는 가슴을 진정시키고 입초병(위병) 앞으로 나아갔습니다.
"그 자리에 서! 용무는?"
"자원입대를 원합니다."
나는 당당하게 큰소리로 외쳤습니다.
"잠깐 기다리세요."
초병이 호출 신호를 보내자 당직관이 정문으로 달려 나왔습니다. 당직관은 나를 중대본부로 친절하게 안내했습니다.
나는 우양기 중대장과 마주 앉았습니다.
"동무는 왜 군에 입대하려 하는가?"
"예, 저는 지금 이 시각부터 조국과 민족의 안전과 발전을 위해 몸과 마음을 바쳐 복무할 것을 결심하고 입대를 원합니다."
나는 당당하게 입대 결심을 밝히고 준비한 추천서와 승낙서를 중대장 책상 위에 올려놓았습니다.
중대장은 서류를 검토하더니 느닷없이 내 손과 발을 보자고 했습니다. 삼복더위에 샀 풀베기를 하느라 내 손과 발은 온통 풀에 긁히고 부스럼 투성이였습니다. 아마 중대장의 눈에는 환자 아닌 환자처럼 보였던 모양입니다.
나는 혹시라도 거절당할까 봐 염려되어 어떻게든 씩씩하게 보이려고 아까보다 더 큰소리로 외쳤습니다.

"저는 겉보기에 약골 같아 보이지만 무슨 일이든 자신 있습니다!"

그때 옆자리에 앉아 있던 최정창 중대 특무장이 내 말을 거들어 주었습니다.

"중대장 동무, 허찬형 동무는 제가 알고 지내는 동무입니다. 이 추천서는 우리 부락 세포위원장 동무가 써준 것이고, 인민위원장은 저의 친형님입니다. 허찬형 동무는 매사에 적극적이고 매우 영리합니다. 자기에게 주어진 일에 충실할 뿐만 아니라 책임감도 강합니다. 입대시키는 것이 좋다고 생각됩니다."

특무장의 말을 들은 중대장은 잠시 말없이 생각에 잠겼습니다. 그 시간이 내게는 억겁의 시간과도 같았습니다. 입안의 침이 마르고 속이 바싹 타들어 갔습니다.

"특별한 병이 없는 한 앞으로 건강 문제는 좋아질 것이라 판단한다. 입대를 승락한다."

중대장의 허락이 떨어지는 순간, 타들어 가던 속이 한 줄기 물줄기로 생명을 얻는 듯했습니다.

세포위원장의 추천서와 동 인민위원장의 승낙서, 그리고 중대 특무장의 한 마디가 나를 위기에서 구해준 것입니다.

나는 보안대에 입대해 3개월 동안 내무 규정과 규율 규정, 위병 근무에 필요한 기초적인 제식 훈련 등을 받았습니다. 매일 여덟 시간씩 이어진 힘든 교육이었습니다. 하지만 그동안 해왔던 험한 일들에 비하면 그리 혹독하지 않아 잘 이겨낼 수 있었습니다. 식사 또한 질로 보나 양으로 보나 매우 만족스러웠습니다.

1개 분대는 3개 또는 4개 호조로 학습조가 편성되었습니다. 1개 호조에는 호조장 외 호조원이 3명으로 조직되었는데, 이 호조는 생활의 기초 단위였습니다. 분대 성원은 대체로 분대장, 부분대장, 상등병 그리고 7~8명의 전사로 편성되었습니다.

상등병은 1분대에 단 한 명으로, 일명 모범 전사라고 불렀습니다. 3개월 동안 기초훈련을 받고 나면 상등병으로 승격되어 본부에서 소대로 파견근무에 나섰습니다. 파견근무는 대민 공작군무였습니다.

1948년 초 삭주군 보안대는 삭주읍에 중대본부를, 수풍면 수풍발전소에 1개 소대를 배치했습니다. 청수면 카바이트 공장지대에 1개 소대, 외남면(대관)에 1개 소대, 그 밖의 면에는 지방 자위대에 보안대원 한 명을 배치해 자위대를 지도했습니다.

▲ 공사중인 수풍댐 [출처 : 위키백과]

수풍발전소에는 삭주군 보안대 1개 소대가 주둔했습니다. 나는 수풍발전소 수문경비 소대의 분대에 배치되었습니다. 그곳은 전략적으로 중요한 지역이라 소련군 1개 분대와 우리 1개 분대가 합동으로 근무했습니다. 보안대 경비 근무는 1개월 근무 교대인데, 나는 분대에서 취사를 책임졌습니다.
　수풍발전소의 수문은 압록강 건너 '야배거우'에 있었습니다. 그곳은 내가 열세 살 때 발전소 건설 현장에서 노동하던 곳이었습니다. 어린 시절 힘들게 품팔이하던 곳이었지요.
　수풍발전소를 돌아보니 식민지에서 착취당하던 설움과 공사장에서 행상을 하던 어머니에 대한 그리움이 북받치듯 올라왔습니다. 그리고 이제는 해방 조국의 군인으로 이 자리에 다시 서게 되었다는 자랑스러움이 차올라 만감이 교차했습니다.

자랑스러운 해방 조국의 군인

　나는 수풍발전소에서 1개월 근무를 마치고 신의주로 향했습니다. 1948년 3.1절 열병 훈련에 뽑힌 것입니다.
　신의주에서 보낸 2월은 말 그대로 혹한과의 싸움이었습니다. 그중 아침 구보와 세면이 참으로 힘들었습니다. 대원들은 아침 6시에 기상하자마자 압록강까지 1km 구보 행진을 했습니다. 압록강 물에 세면을 하고 다시 구보로 돌아왔는데, 일부는 도중에 쓰러지기도 했습니다. 대원들 중에는 손과 발은 물론 얼굴과 귀까지 동상에 걸린 부상자가 수두룩

했습니다.

나는 아침 구보가 힘들 때마다 엄동설한에 산에서 땔나무를 하던 때를 떠올렸습니다. 그때도 견뎌냈으니 이번에도 잘 이겨낼 것이라 스스로 다독였습니다.

1948년 3.1절 열병 행사가 열리는 주석단에는 도 당위원장, 도 인민위원장, 도 보안국장이 올라 순서대로 연설했습니다. 연설이 끝나자 힘찬 나팔 소리와 함께 행진곡이 연주되면서 가장 행진이 이어졌습니다. 그때 즐겨 부르던 군가는 지금도 기억에 또렷합니다.

"
눈 내리는 얼음판에 폭탄을 메고 뚜벅뚜벅 걸어가는 우리 동무들
에~혀 우리는 조선의 아들 서로 서로 배워 주고 서로 서로 책임지고
얼씨구 좋다. 우리 동무들 나는야 이런 사랑 못받아 봤다
부모보다 더 좋은 우리 조직에 이 한몸 바쳐서 조국을 위해
끝까지 싸우리라 맹세할 때에 뚜벅뚜벅 걸어가는 우리 동무들

자유와 행복 속에 우리 삶임을 천지를 진동하는 인민의 외침
남반부 단독정부 가혹한 음모 모두 다 물리치고 승리해 간다
미제를 부수고 일어났으니 조국의 완전통일을 쟁취하리라
"

<인민을 위해> - 1948년 군에서

나는 3.1절 열병 행사가 끝나자 중대본부로 소환되어 외남면 대관, 부풍면, 수동면 등지로 파견되었습니다. 그 지방 자위대들을 지휘 통솔하

면서 학습과 기초훈련, 시사 독보회, 조직 등과 같은 임무를 완수했습니다.

그때 지방 경비는 지방 자체 자위대만으로도 충분해서 전략적으로 중요한 일부 지방을 제외하고는 압록강과 두만강, 38선 등지로 이동 배치되었습니다.

나는 압록강 만포 위술 사령부 소속 자성중대에 전입되어 중대본부와 사령부간 연락 군무 임무를 맡았습니다. 그러니까 1948년 혹한기부터 1949년 4월까지 자성중대에서 보내게 된 것입니다.

남북이 갈라졌음을 일깨운 38경비 임무

1945년 8월 15일 일제 강점에서 해방되었지만 우리 조국은 온전히 해방된 것이 아니었습니다. 해방 직후부터 1953년 휴전할 때까지 미국과 소련 양쪽은 북위 38도선을 군사경계선으로 삼아 반을 나누어 경비했습니다.

북쪽의 38선 경비는 해방 직후부터 소련군이 맡다가 모스크바 3상회의 결정에 따라 1948년 말쯤 우리 경비대에 경비 임무를 넘기고 완전히 철수했습니다.

그러다 1949년 4월 강원도 인제에서 남북 양 경비대가 충돌하는 일이 벌어졌습니다. 심상치 않은 분위기 속에서 압록강과 두만강 국경 경비를 담당하던 부대원까지 거의 모두 38선으로 이동 배치되었습니다. 이때가 1949년 5월 말쯤이었습니다.

내가 속한 자성중대원들도 38선 경계 지역으로 이동했습니다. 막연히 비상훈련인 줄 알았는데, 만포 위술 사령부에 집결해 이삼일 휴식한 다음 기차를 타고 도착한 곳이 황해도 사리원이었습니다.

기차에서 내리자마자 부대원들은 지휘관의 지시에 따라 신속하게 영내로 집결했습니다.

나는 온몸이 긴장과 전율로 휩싸였습니다. 그전까지 후방에서 평화롭고 안전하게 경비 근무를 섰는데, 이곳은 완전히 전쟁 분위기였습니다. 여단의 모든 장병들이 온몸을 위장망으로 감싸고 완전 전투태세를 갖추었습니다. 이곳은 공기마저 팽팽한 긴장감을 더하는 듯했습니다. 나는 비로소 남과 북이 갈라져 대치하고 있는 현실을 실감하게 되었습니다.

그런데 나는 식당에서 밥을 먹다가 긴장감 넘치는 상황하고는 전혀 다른 광경을 보았습니다. 동물들도 숨을 멈춘 채 경계를 나선 듯한 어둡고 서늘한 이곳과는 달리 식당 뒷산이 온통 하얀 꽃들로 뒤덮인 것입니다.

이곳에 먼저 도착한 동무들에게 뒷산이 왜 꽃들로 뒤덮였는지 물었습니다. 그러자 한 동무가 지난 4월에 벌어진 강원도 인제전투에서 전사한 전사들을 추모하기 위해 꽃을 바친 것이라고 말해주었습니다. 그러니까 내가 밥을 먹고 있는 이 식당 뒷산에 조국의 안전을 위해 희생한 동지들이 잠들어 있다는 것입니다.

나는 순간 엄숙해져 밥이 넘어가지 않았습니다. 죽음이 생각보다 가까이 있다는 것에 놀랐고, 기꺼이 목숨을 바친 숭고함에 마음이 무거워졌습니다.

내무반에 돌아오면서 예전 아버지 말씀이 떠올랐습니다.

"군인은 언젠가 총에 맞아 죽는 것이여. 그것이 군대지……."
자성중대에서 서용술 중대장이 학습 시간에 한 말씀도 생각났습니다.
"비겁하고 당황한 군인은 모두 죽게 마련이고 용감하고 침착한 군인은 총알도 피해 간다. 그래서 개선장군이 될 수 있다."
나는 마음을 다잡기 위해 즐겨 부르던 행진곡을 떠올렸습니다.

"
사상의식 바로잡아 진리로 무장하고
군사기술 장하고야 강철대오 만들자
우리 갈길 험하고나 판가리 싸움
마지막길 뛰어넘어 우리들이다
"

일주일 후 나는 38경비대 3여단 직속의 공병 중대 하사(부분대장)로서 황해도 남천 지역에 주둔했습니다. 38선 경비대 생활로 본격적인 공병대 활동을 시작하게 된 것입니다.

공병대는 방어 시에는 자물쇠, 공격 시에는 열쇠의 임무입니다. 그러니까 방어작전에는 지뢰 매설과 철조망 가설, 영구 화점, 교통호, 피신호 같은 축성 작업이 주 임무이며, 공격작전에서는 지뢰를 없애고 철조망을 없애는 등 위와 반대되는 작업을 합니다.

1949년 7월 개성 송악산전투는 정말 유명했습니다. 이 전투가 채 끝나기도 전에 우리 3여단은 서부전선인 황해도 죽전으로 이동했습니다.

서부전선의 전략적 요충지인 황해도 음파산과 경기도 포천의 국사봉 등에서 서로 뺏고 빼앗기는 싸움이 간헐적으로 이어졌습니다.

1949년 10월에는 음파산에서 20여 일 동안 전투가 치열하게 전개되었습니다. 나는 음파산전투에서 분대장을 맡았습니다. 이때 처음으로 다리에 파편이 박히는 부상을 입었습니다. 하지만 부상이 가벼워 별다른 고생 없이 야전병원인 여단 군위부 치료소에 후송되어 치료를 받았습니다.

피나는 노력으로 우등 졸업한 공병특수학교

나는 1949년 10월에 평양 공병특수학교 교육생으로 추천되었습니다. 공병대 분대장을 맡으면서도 기초 지식이 부족해 임무 수행에 어려움을 겪던 터라 체계적으로 학습할 수 있는 공병학교에 간다니 뛸 듯이 기뻤습니다.

평양 공병특수학교는 공병 간부 양성을 위한 6개월 단기교육 과정이었습니다. 교육 과정은 전방에서 전투 임무를 수행하는 것보다 더 힘들었습니다.

일반 과목인 내무 규정과 규율 규정, 제식 훈련, 정치 학습, 전술 위병 등은 그동안 군 생활을 하면서 충분히 배우고 익혀서 문제없었습니다.

그렇지만 낯선 과목인 축성, 도하, 도로, 교량, 탄도학, 특수정찰, 지뢰 매설 그리고 측량 등은 모두 수학이 기초인 과목인지라 정말 피눈물 나는 노력이 필요했습니다.

나는 수학 공식 하나 모르는 처지였습니다. 애써서 공식 하나를 외워도 응용하는 문제는 또 다른 벽이었습니다.

이제껏 나는 새로운 것을 배우고 익히는 것을 좋아한다고 생각했는데, 공병학교 수업 시간은 마치 지옥을 헤매는 것과도 같았습니다. 못 배운 설움이 이토록 한이 될 줄 몰랐습니다.

하지만 마냥 한탄하며 헤맬 수는 없었습니다. 나는 군에서 준 기회를 하늘이 준 기회다 여기고 반드시 어려움을 이겨내리라 마음먹었습니다.

남들보다 덜 자고 남들보다 일찍 일어나 문제를 파고든 덕에 나는 기적과도 같은 성장을 이루었습니다. 최종 시험 결과 나는 딱 한 문제를 틀려 우등생으로 졸업하게 된 것입니다. 낙제생이 피나는 노력 끝에 우등생이 된 것입니다. 사실 틀린 문제도 몰라서 틀린 것이 아니라 방심해서 답을 잘못 적는 바람에 최우등생 자리를 놓쳤습니다.

사실 나 혼자만 우등생으로 졸업한 것은 아니었습니다. 국가 검열성 시험관들은 5점 만점을 기준으로 채점을 했습니다. 당연히 5점 만점은 최우등이고 한 문제 틀린 4.5점은 우등입니다.

함께 공부한 평양 공병특수학교 교육생들 가운데 총점 5점 만점을 받은 이들은 모두 70명이고, 4.5점을 받은 이들은 나를 포함해 3/2가 넘습니다. 나뿐만 아니라 모든 교육생이 집중하여 노력한 값진 결과였습니다. 이 자랑스런 평양 공병특수학교 교육생들은 조국통일전쟁 때 공병의 주역으로서 제 역할을 톡톡히 해냈습니다.

사실 그때 착각해서 틀린 문제가 아직도 생각납니다. 정치 과목이었는데, '토지개혁 법령의 중점 기본을 말하라.'는 문제였습니다. 답은 매우 쉬웠습니다. 하지만 쉬운 문제라고 방심한 채 특수과목 문제에 몰두하다 보니 어처구니 없는 실수를 했습니다. 답을 '무상몰수 무상분배의 원칙에 따라 농민에게 분배한다.'고 적었는데, 문제에 나온 중점 기본을 빼먹고 만 것입니다. '직접 밭갈이(경작)하는 농민에게'를 빼먹은 것입니다. 우리 아버지도 이 토지개혁 법령에 따라 땅을 무상분배 받았는데 이 분통함을 누구에게 호소합니까!

평양 공병특수학교 졸업을 앞두고 사령관 동지의 사열이 열렸습니다. 전교생 250명 가운데 50여 명이 사령관 동지의 사열대 영예위병으로 선출되었습니다. 이 영예위병은 국가원수나 외국원수를 영접할 때에만 하는 사열대를 말합니다.

이삼일 사열 연습을 마치고 평양 모란봉극장 앞 광장에서 사열식을 치렀습니다. 국악대 연주에 따라 사령관 동지가 나타나자 영예위병장이 곧바로 보고를 했습니다.

"조선민주주의인민공화국 수상이시며 인민군 최고사령관 동지, 공병기술교육대 영예위병은 당신을 영접하기 위해 정렬되었습니다. 영예위병장 중좌 김선옥!"

영예위병장의 보고가 끝나자 드디어 사열식이 진행되었습니다.

화려했던 사열식이 끝나고, 나는 사람들을 따라 모란봉극장 안으로 들어갔습니다. 극장 안은 이미 다른 교육생들로 꽉 찼습니다. 국악대 환영 연주에 맞추어 사령관 동지가 단상에 올랐습니다. 극장 안은 '김일성 장군 만세!' 하는 합창 소리로 가득 찼습니다. 이 우렁찬 만세 합창은 말 그대로 천지를 진동하는 병사들의 함성이었습니다.

함성이 잦아들고 사령관 동지의 교시가 시작되었습니다. 사령관 동지의 첫 마디는 "동지들 안녕하셨습니까!"였습니다. 이에 장병들은 또다시 함성으로 "조국을 위해 복무함!"을 외쳤습니다.

"동무들, 그동안 38선 경비 임무를 수행하는 데 고생이 많았습니다. 고지를 방어하는데 우리에게 크게 부족한 점이 있습니다. 바로 동지들의 사명인 공병 기술입니다. 공병 역할은 방어 시에는 자물쇠요 공격 시에는 열쇠라고 합니다. 이 점을 보강하려면 최신 공병 기술 교육이 필요하고, 그래서 단기간 특별 교육을 실시하게 되었습니다. 동무들의 헌신적인 노력은 기적적인 성과를 가져왔습니다. 앞으로 우리 인민군 공병대의 발전에 핵심 역할을 다할 수 있으리라 믿습니다. 그리고 오늘 저녁에는 그동안 쌓이고 쌓인 피로를 풀고 내일의 발전과 승리를 위해 오락회가 준비되어 있다니 맘껏 즐기시기 바랍니다. 참으로 반가운 소식이지요!"

사령관 동지의 호쾌한 응원에 공병학교 장병들의 우렁찬 함성과 박수가 이어졌습니다.

3부. 조국통일전쟁

1950년 6월 25일 새벽

나는 평양의 공병특수학교 6개월 교육과정을 우등으로 마치고 1950년 4월 초 황해도 벽성군 죽전에 자리잡은 38경비 3여단 본부로 귀대해 음파산에서 복무했습니다.

음파산은 벽성군과 강령군의 경계를 따라 남쪽의 까치산과 마주보며 대치하던 전략적 요충지였습니다. 이곳을 지키지 못하면 해주를 중심으로 이 지역 군사 작전 상황이 완전히 노출돼 위험해지기 때문입니다.

상대를 코앞에 둔 38선 경계 지역에서는 늘 긴장감이 돌 수밖에 없습니다. 작은 움직임에도 즉각 대응을 해야 하는데, 전면전으로 치달은 6.25전쟁 전까지 경계지 곳곳에서 크고 작은 충돌이 끊이지 않았습니다. 그중 가장 치열했던 무력충돌은 개성 송악산전투와 음파산전투입니다.

그리고 그때의 긴장감이 아직도 선명한 1950년 6월 25일 새벽의 일입니다. 우리 소대는 음파산 최현 사령관 지휘소를 호위 경비 중이었습니다.

그날 새벽 2시쯤 비상이 내려졌습니다. 모든 소대가 단시간에 전투태세로 변했습니다. 새벽 4시쯤에는 최현 사령관 지휘소에 있던 라디오에서 긴급 방송이 흘러나왔습니다.

"지금 38선 전 지역에서 국군들이 침략해 오고 있습니다."

곧이어 조선민주주의인민공화국 인민군 최고사령관 명의로 반격 명령이 하달되었습니다.

최현 사령관은 부관에게서 건네받은 신호총을 높이 들고 방아쇠를 세 번 당겼습니다. 신호총에서 발사된 적색 신호탄은 까치산 하늘 높이 포물선을 그리며 타올랐습니다. 그러자 포문이 일제히 불을 뿜어댔습니다. 이렇게 6.25전쟁, 즉 조국전쟁이 시작되었습니다.

사실 6.25전쟁은 하루 아침에 벌어진 일은 아닙니다.

1945년 8월 15일 일본제국주의가 물러나고 그해 12월 식민지에서 벗어난 조선의 문제를 해결하기 위해 소련, 미국, 영국의 외무장관들이 모인 모스크바 3상회의가 열렸습니다.

모스크바 3상회의에서는 조선을 완전한 독립국가로 발전시키기 위한 통일된 임시 민주정부를 수립하기 위해 소련과 미국 대표자들이 모인 소미공동위원회를 구성하고 최고 5년 동안 신탁통치를 결정했습니다. 소미공동위원회는 조선의 모든 민주정당과 사회단체들을 토의 대상으로 삼는다고 했지만 그 후 이어진 1, 2차 소미공동위원회는 모두 성과없이 폐회되었습니다.

남쪽에서는 하룻밤 사이 수십 개의 정당이 당원도 없이 간판만 들고 나왔습니다. 제대로 된 의견 수렴을 기대할 수 없는 남쪽의 협잡꾼과도 같은 행태였습니다.

모스크바 3상회의 내용이 알려지자 조선은 신탁통치 찬성과 반대로 맞서 격렬하게 맞붙었습니다. 남쪽에서는 정읍 집회에서 이승만이 남쪽만의 임시정부 또는 위원회 조직이 필요하다는 주장을 하기에 이르렀습니다. 결국 소미공동위원회가 결렬되고 남과 북의 자유총선거를 실시할 수 없게 되자 남쪽은 선거가능지역총선거를 하겠다며 단독정부 수립에 나섰습니다.

분단된 상태에서 나라를 세우기보다 통일조국을 원했던 김구 선생 같은 민족주의자들은 남쪽의 단독정부 수립을 반대하며 1948년 4월 평양에서 열린 남북연석회의에 참석하기도 했습니다. 그러나 김구 선생은 통일조국에 대한 열망을 꽃 피우지 못한 채 남쪽의 육군 소위 안두희에게 암살당하고 말았습니다.

통일조국에 대한 꿈은 이념의 대결로 산산이 부서지고, 남과 북은 서로 다른 정부를 세우며 첨예한 대립각을 세웠습니다.

남쪽의 단독정부 수립 후 대통령이 된 이승만은 반민족행위자특별조사위원회(반민특위)를 해체했습니다. 36년 동안 우리 민족의 생명과 재산을 강탈한 일본제국주의자들을 신주 모시듯 하던 친일파들을 처단하고자 만든 반민특위 활동에 반대하며, 오히려 친일파들을 핵심 기관에 배치해 갈등과 대립을 조장했습니다. 남조선에서 1948년 제주 4.3항쟁, 여수순천 10.19 군인봉기 같은 민중들의 봉기가 끊이지 않은 것도 이 때문입니다. 6.25전쟁은 이 과정에서 잉태된 산물입니다.

옹진 해방과 화선 입당

나는 1950년 4월 초 평양에서 음파산 최전방으로 돌아와 거의 두 달 동안 눈코 뜰 새 없이 바쁘게 지뢰를 매설하고 철조망을 가설하며 영구 진지를 구축했습니다. '우리 공병은 땅 파는 귀신'이라 할 정도로 공병특수교육을 우등으로 마친 실력을 마음껏 발휘해 방어 시 자물쇠 역할을 단단히 한 것입니다.

1950년 6월 25일 아침, 드디어 반격 작전이 시작되었습니다. 반격 작전은 새벽 4시에서 6시까지 약 두 시간여 동안 진행되었습니다. 나는 그 시각 음파산 최현 사단장 지휘부 옆에서 까치산 작전 상황을 쌍안경으로 바라보았습니다.

아침 해가 붉게 타오르는데 까치산 고지마다 붉은 인공기도 차례차례 올라갔습니다. 최고봉에 이르러 나팔소리가 산천을 뒤흔들 때였습니다. 고지마다 만세소리가 메아리처럼 울려퍼졌습니다. 한껏 고무된 우리 사단장 지휘부에서도 큰소리로 만세를 불렀습니다.

12시 정오에 이르러 우리 지휘부는 결사적으로 방어하던 음파산 진지를 뒤로 하고, 죽전 사단본부에서 잠깐 정비를 한 다음 이미 해방된 옹진으로 진주했습니다.

황해도 서남쪽에 있는 옹진은 해안선이 매우 복잡하게 구불구불한 작은 반도 지형입니다. 이곳은 북위 38선 이남이라 남조선 땅이었지만 삼면이 바다로 둘러싸여 38선 위쪽인 북조선을 거치지 않고서는 육로로 이동할 수 없는 곳입니다. 뱃길로는 곧바로 한강 하구까지 이어져 군사적으로 매우 중요한 요지였습니다.

나는 옹진에서 이틀 동안 해안 방어선 구축작전을 하면서 화선 입당을 했습니다. 화선 입당이란 전쟁시 보증인과 나이에 관계없이 모범 장병들을 노동당 당원으로 입당시키는 제도입니다. 나는 이미 입대하면서 조국과 민족의 안전과 발전을 위해 몸과 마음을 다 바칠 것을 다짐했는데, 화선 입당으로 그 결심이 더욱 굳건해졌습니다. 그날이 1950년 6월 27일이었습니다.

조국통일전쟁의 최후 일전 낙동강 전선으로

우리 사단은 곧바로 진격해서 1950년 6월 29일 서울에 입성해 수도 경비를 맡았습니다. 이삼일 휴식 기간에 38경비여단은 보위성 소속 서울수도9사단으로 재편되었습니다. 나는 사단 직속 공병대대 1중대 1소장으로 편입되면서 약 한 달여 동안 서울 성북구 구민들과 함께 의정부와 지금의 육군사관학교 지역인 태능을 잇는 방어선 구축 작업을 지도했습니다.

그해 8월 초 이동을 시작해 8월 중순쯤 낙동강 전선에 도착했습니다. 약 2주 동안 야간 행군을 한 셈입니다. 서울에서 경부선을 따라 대전을 지나면서 금산, 진안, 육십령을 넘어 거창, 합천을 지나 낙동강을 도하했습니다.

우리 9사단은 마산 뒷산 12단 고지 등의 전선을 사수하다 실패해 낙동강 위쪽으로 건너와 있던 4사단과 임무를 교대했습니다.

4사단의 별명은 '중국호랑이'입니다. 우리 9사단의 별명은 '38호랑이'였지요. 4사단 동지들은 낙동강 전선에 다다른 우리에게 "중국호랑이는 손들고 나왔으니 이제 38호랑이가 한번 붙어보라!" 하고 응원했습니다.

4사단은 중국 동북지방 재중 동포사회에서 중국 의용군으로 조직되어 중국해방전쟁에서 혁혁한 공로를 남기고 1950년 4월 조선인민군에 편입된 부대입니다. 조국해방전쟁에서 6사단과 함께 중부 전선의 주력부대로서 서울해방전투는 물론 계속 남하하며 낙동강까지 앞장서 진격했습니다.

그러나 4사단의 주축인 제1기 의용군들은 대부분 운동권 학생이거나 지원자들이어서 투지만 높을 뿐 경험 부족이 드러나 이번 낙동강에서 밀려 적지않은 손실을 남겼습니다. 그에 비해 우리 9사단 즉 38호랑이는 서부 전선의 주력 부대로서 38선 경비에서 쌓은 실전 경험이 많았습니다. 조국통일전쟁에서 반드시 승리한다는 의지와 자신감도 넘쳤습니다.

그럼에도 불구하고 막상 4사단 전투원들에게서 전투 상황에 대해 설명을 듣고 나니 이전과는 다른 흥분으로 가슴이 떨렸습니다. "38호랑이, 한판 붙어 보라!" 하는 그들의 응원에 가슴 벅찬 책임감을 느끼기도 했습니다. 우리 38호랑이들은 떨리는 가슴을 억누르고 이번 전투가 '조국통일전쟁의 최후 일전'이라는 각오로 임했습니다.

약 일주일 동안 낙동강 모든 전선에서 작전 전투 대오를 재정비하고 도하 시설을 마련하는 등 공격 준비에 총력을 기울였습니다.

1950년 8월 31일 오후 7시, 군단 지휘부의 총공격 신호 적색탄이 잠잠하던 허공에 3발 울려퍼졌습니다. 드디어 총공격이 시작되었습니다.

이번 총공격 작전은 단순히 상대의 역량을 소멸시키는 것이 아닌, 한반도의 완전한 해방이 목적이었습니다. 총공격 개시 이틀날인 9월 1일부터 5일까지 5일 동안 모든 부대들이 제각기 임무를 완수해 한반도 모든 지역을 완전히 해방시키는 작전이었습니다.

피 맺힌 후퇴길, 보광리에서

나는 작전 기간인 1950년 9월 5일, 공병대대 참모장으로부터 반전차

수류탄을 휴대하고 도로변에 잠복해 있다 공격해 오는 전차를 격멸시키라는 특공대 임무를 받았습니다.

그러나 잠복 중 왼쪽 발목에 관통상을 입고 말았습니다. 경남 창원과 마산이 이번 총공격의 최종 목적지였는데, 마산을 불과 40여 km 앞두고 부상을 당해 거창 야전병원으로 후송될 수밖에 없었습니다.

거창 야전병원에서 치료를 받던 1950년 9월 25일 저녁 무렵이었습니다. 한 간호병이 오더니 중환자를 제외한 모든 환자들은 강원도 춘천까지 각자 행군해서 집결하라는 지시를 전달했습니다. 한반도 해방이 코앞이었는데 예기치 못한 후퇴였습니다.

그날 저녁 나는 지시에 따라 지팡이에 의지해 절뚝거리며 집결지인 춘천으로 향했습니다. 그러다 9월 29일 전북 금산에서 2사단 포병연대 포병참모 김덕진 총위와 포병장 김중사 일행을 만났습니다. 포병참모장은 보행이 불가능해 민간인이나 자위대의 도움을 받아 들것에 실려 이동하고 있었습니다. 그들도 야전병원에서 치료를 받다 춘천으로 집결하기 위해 가는 길이라 하여 우리 세 사람은 일행이 되었습니다.

일행을 만난 그날 저녁, 대전 산내면 쪽 길이 막혔다는 정보가 들어왔습니다. 미군 선발대가 대전에 들어와 시내 방향에서 산내 구도리로 포격을 시작해 일대가 아수라장이 되어었다는 것입니다.

대전 산내 길이 막히자 포병참모 김덕진 총위는 지도를 보고 옥천 서대산 방향으로 길을 정했습니다. 우리는 지팡이에의지하고 서로 부축하며 이틀을 꼬박 걸은 끝에 서대산 밑에 있는 보광리 마을에 도착했습니다.

충청남도 옥천 서대산은 전라남북도와 경상남도 그리고 충청북도 속리산과 소백산을 연결하는 중간 지역의 산으로, 산자락에 자리잡은 보광리 두 마을은 해방구가 된 뒤 부대원들이 하루이틀 쉬어가는 거점이 되었습니다.

보광리 마을은 바깥보광리(큰보광리)와 안보광리(작은보광리)로 나뉘었습니다. 바깥보광리는 가구수가 80여 호인 큰 마을이었고, 안보광리는 10여 호 정도인 작은 산골마을이었습니다. 우리 일행은 안보광리에 있는 '수바우'라는 아저씨 댁의 사랑방을 빌려 잠시 머물기로 했습니다.

▲ 1950년 당시 치료받던 오대서·박춘자 신혼부부의 방이 있던 수바우 어르신 댁 (현재는 타인 소유)

마침 포병참모 김덕진 총위가 야전병원에서 나올 때 이승만 정부의 화폐와 구급약품을 챙겨온 덕에 방세와 식비를 내고 40여 일 동안 숨고르기를 하며 자체 치료를 할 수 있었습니다.

심장에 남은 임순이 동지

해방구 보광리에는 우리 일행 말고도 다른 부대원들이 찾아와 머물고 있었습니다. 그중 바깥보광리에는 2사단 중기 중대원 40여 명이 있었는데, 자기 사단 포병참모가 안보광리에서 자체 치료를 하고 있다는 소식을 듣고는 일행인 임순이 동무를 파견해 치료를 돕도록 했습니다.

수바우 댁 사랑방에서 40여 일 동안 임순이 동무는 포병참모와 나를 정성껏 간호했습니다. 17살 어린 나이에도 당차고 야무져 부상 치료뿐만 아니라 모든 일상에서 큰 도움이 되었습니다. 임순이 동무하고는 이곳 보광리에서뿐만 아니라 나중에 한 번 더 생명의 은인으로 인연이 이어졌으니 나에게는 결코 잊지 못할 심장에 남은 동지입니다.

임순이 동무는 전라북도 군산에서 아버지와 계모, 오빠, 남동생과 함께 살았습니다. 군산이 해방되면서 내무소(경찰서) 교환원으로 일하다가, 가족들이 전주형무소에서 학살을 당하자 내무서 직원들과 함께 북행길에 나섰습니다.

하지만 일행은 정신없는 전쟁통에 17살 임순이 동무와 다른 여성 직원인 25살 장언니를 함께 움직이는 것이 무리였는지 집으로 돌아가라며 떼놓고 가버렸습니다. 일행을 잃은 두 사람은 마침 인민군을 만나 바깥보광리까지 들어왔습니다. 이곳에서 장언니는 부대원들의 취사를 돕고, 임순이는 주로 환자 치료를 맡았습니다.

안보광리까지 파견을 와 정성을 다해 치료하던 앳된 임순이 동무가 안쓰러웠는지 포병참모가 조언을 했습니다.

"순이 동무, 동무 올해 나이가 17살 아니오? 어린 나이에 산생활이 말도 못하게 힘들 테니 집으로 가는 것이 좋겠소. 차후에 우리와 또 만날 날이 있을 것이오."

그런 걱정에도 불구하고 임순이 동무는 굳건했습니다.

"걱정 마세요. 저는 조국통일전쟁 전에도 오빠가 지리산에서 빨치산 활동을 하고 있다는 말을 듣고 자랐습니다. 오빠의 활동을 돌보다 경찰서를 드나들기도 했고요."

"그럼 순이 동무는 앞으로 어떻게 할 생각이오?"

"지금은 참모장님과 공병 소대장님의 치료가 중요합니다. 완치하시는 대로 빨치산 활동에 동참할 각오입니다."

나중에 임순이 동무는 자신이 한 말 그대로 실천해 여성 군위대원으로, 유격부대 57사단 5연대 위생병으로 활동했습니다. 임순이 동무는 단순히 환자 아지트에서 부상 치료를 돕는 데 그친 것이 아니라 적극적으로 부대원들을 도왔습니다.

임순이 동무는 지리산 빨치산이라면 모르는 사람이 없을 만큼 영웅적인 투사였습니다.

한번은 이런 일도 있었습니다. 1951년 여름 어느 날, 부대를 따라 보급 투쟁에 나섰다가 돌아오는 길에 적들에게 노출되어 집중 사격을 받았습

니다. 그때 경기사수 분대장이 부상을 당하자 임순이 동무가 경기관총을 대신 걸머지고 분대장을 부축해 사선을 피해 나왔습니다. 그 후 부대에서는 '순이 따라 배우자!'는 구호까지 생겼습니다.

속리산에서 덕유산으로 이어진 입산 투쟁

임순이 동무의 열성적인 치료 덕에 참모장과 나는 하루가 다르게 회복되었습니다. 비록 후유증이 남아 행동에 제약이 생겼지만 보광리에 들어오기 전과는 비교할 수 없을 만큼 건강해져 다시 활동할 수 있었습니다.
11월에 접어들면서 산골마을 날씨는 무척 차가워졌습니다. 보광리 두 마을에 머물던 우리는 인민군들이 후퇴를 계속해 평양을 지났다는 소식을 들었습니다. 설상가상으로 적들이 남쪽에서부터 한 마을 한 마을씩 점령해 온다는 소식도 들려왔습니다.
보광리 두 마을은 해방구로 남아 있었지만 점점 포위망을 좁혀오는 적들이 언제 공격해 올지 알 수 없는 노릇이었습니다.
바깥보광리와 안보광리를 합쳐 우리 병력은 30여 명뿐이었습니다. 해방구인 보광리 마을을 끝까지 사수하기 위해 적들과 격전을 벌이느냐, 그동안 도와준 마을 주민들에게 피해가 가지 않도록 격전 없이 조용히 나가느냐를 놓고 지휘관회의가 열렸습니다.
결국 회의 끝에 부대원들이 조용히 북행에 나서는 것으로 의견이 모아졌습니다. 자칫하면 두 마을이 초토화될 것을 우려했기 때문입니다.
1950년 11월 초, 우리는 정든 수바우 가족과 이별했습니다. 참모장은 두 마을에서 부대원들을 규합해 월북 계획을 세운 뒤 속리산 쪽으로 출발했습니다.

참모장은 총지휘를, 나는 부대 인솔을 맡았습니다. 보광리를 떠날 때쯤에는 인원이 늘어 102탱크부대 대열 정치보위부 군관 2명 외 20여 명, 2사단 중기 중대장 외 20여 명, 제주도 빨치산 소대장과 여성 동무 등 약 60여 명이었습니다.

1950년 11월 3일과 4일, 밤을 틈타 이틀 동안 행군했습니다. 11월 7일과 8일 밤에는 마을 안내원을 따라 금강을 도하해 청산리와 외속리를 지나 속리산에 무사히 도착했습니다.

그때 속리산에는 국군 1개 연대가 주둔해 입구는 열어 놓고 출구는 봉쇄하는 공격 작전을 진행 중이었습니다. 우리는 이런 사실을 모르고 속리산에 들어갔다 하루에 세 차례나 매복 공격을 당했습니다. 이 과정에서 정치보위부 군관 2명과 제주도 여성 빨치산 동무 그리고 1명의 부대원이 부상당하는 피해를 입었습니다.

부대 전원은 비상회의를 했습니다.

참모장은 조용하고 확신에 찬 목소리로 상황을 정리했습니다.

"지금 월북을 강행하면 적의 포위망에 갇힙니다. 자칫하면 몸값도 제대로 못하고 죽어 당과 인민에게 보답하지 못합니다. 지금 지리산에서는 많은 부대들이 빨치산투쟁을 하고 있습니다. 이에 빨치산 활동에 합류하는 것이 우리가 할 일입니다. 지리산으로 갑시다."

다들 동의하자 참모장은 행군 방향에 대해 설명했습니다.

"적들의 속리산 경비 태세를 고려해서 우리 이동 경로를 점검해야 합니다. 속리산에서 북쪽으로 가는 방향은 경계가 철저하지만, 남쪽으로는 경계 태세가 약합니다. 이를 이용하면 원래 머물던 해방구로 되돌아가는 데 어렵지 않다고 봅니다."

동지들은 지도부 결정에 따라 신속히 준비를 마친 뒤 이동했습니다. 약 일주일 동안 속리산까지 올라갔다가 다시 옥천 서대산 보광리로 돌아왔습니다.

서대산에는 노동당 옥천군당이 입산해 있었습니다. 옥천 지구당과 금산군당과의 연락선을 이용해 우리는 금산군 남일면 가마골로 이동했습니다.

금산군당의 거점인 가마골에는 김수남 군당위원장이 유격대장을 겸하고 있었습니다. 우리가 도착했을 때는 한창 월동준비투쟁 중이었는데, 금산군 지역 애국인사들이 현물세로 나락을 지고 가마골로 들어오는 것을 보고 정말 놀랐습니다.

1950년 11월 중순 무렵이었습니다. 가마골에서 덕유산 연락선을 이용해 무주 구천동 배뱅이 마을에 있는 이춘봉 연대장의 105연대와 접선되었습니다. 배뱅이 마을을 중심으로 각 마을에는 105연대 2개 대대 일부 병력이 주둔 중이었습니다. 105연대는 인민군 후퇴 후에도 이 지역 해방구를 사수한 셈입니다.

접선 후 우리는 배뱅이 마을로 이동해 105연대와 합류했습니다. 그때가 1950년 12월 중순이었습니다.

연말을 앞두고 기념투쟁 작전을 실시하라는 도당 지시가 내려왔습니다. 이에 105연대 2개 대대 병력 중에서 작전 인원을 선출해 최석연 대대장의 지휘 아래 무주군 설천면 지서 해방 작전을 펼치기로 했습니다.

1950년 겨울은 어느 해보다 눈이 많이 왔습니다. 전투원들은 배뱅이 마을에서 설천지서 쪽으로 출발했습니다. 설천지서를 약 2km 앞두고 능선을 타면서 지서 옆 고지에 도착하니 어느덧 날이 밝았습니다.

작전 거리는 직선으로 약 100m, 고지에서 지서까지 내려가는 거리는 약 200m 정도였습니다. 그런데 중간에 냇물이 큰 장애물이었습니다. 냇물을 건너는 물소리에 적에게 노출될 수 있기 때문입니다. 게다가 지서에서는 경찰들이 기상해 상의를 벗고 운동장에서 조기 운동을 하고 있었습니다.

전투원들은 할 수 없이 작전을 중지하고 돌아왔습니다. 눈길을 헤치고 오느라 너무 지친데다 조용히 냇물을 건너는 방법이 마땅치 않아서였습니다. 105연대 작전 지휘 책임자 최석연 대대장은 작전 실패에 대한 책임을 물어 직위 박탈되어 전사로 강등되었습니다.

혹한을 뚫고 지리산으로 행군

최전방 전선이 서울 입성에 따른 사전 대비책으로 경상남도 지역 부대를 도당부와 함께 지리산에 집결하도록 했습니다.

그해 눈이 많이 와 무릎 위까지 쌓이는 바람에 행군이 힘겨웠습니다. 군경의 공세는 거의 일주일 동안 이어졌습니다. 혹한과 저들의 공세라는 이중고를 겪다 보니 12월 23일 덕유산 상봉에서 동지 아홉 명이 동상으로 죽는 일까지 벌어졌습니다.

그때 월성에 있던 경남도당으로부터 당분간 황점 마을에 머물러 있으라는 지시가 내려왔습니다. 우리는 황점 마을에 주둔했다가 경남도당 일행과 함께 1951년 1월 5일 다시 지리산으로 출발했습니다.

월성 황점 마을에 있던 경남도당 일부와 105부대는 함께 경상남도와 전라북도를 가르는 서상 서하 경계 사이를 지나 함양 유림 지역당 세포(연락원)의 안내로 안전마을에서 하루 묵었습니다.

산청 금서면을 뚫고 마천강변에 다다랐을 때 안내원 동지가 주의를 주었습니다.

"강변 살얼음을 조심하려면 세포마을에서 나눠준 짚신으로 바꿔 신어야 합니다. 짚신이 미끄럼을 방지하는 데 안성맞춤이거든요. 만약을 대비해 지구당 유격대원들이 강양안을 매복 경비중이니 안심하되 은밀히 움직여야 합니다."

월성에서 지리산 평촌 마을까지 이동 작전은 각 지역당 세포원들이 치밀하게 계획해 3일 동안 안전하게 이루어졌습니다.

덕유산 거점의 거창군 복상면 월성 마을에 있던 도당, 도인민위원회 소속 위원들은 105연대 이춘봉 연대장의 호위 지휘 아래 지리산에 있는 세력과 합세했습니다. 105연대는 지리산 새재 칠성계곡 등을 거점으로 기동투쟁을 벌였습니다.

경상남도 유격사령부는 중산 마을에 있었습니다. 나는 홀로 유격사령부에 차출되었습니다.

그곳에서 조직사령관 노영호 사령관이 나를 차출한 목적을 말해주었습니다.

"공병 소대장 동지, 부상이 완치되지 않은 상태에서 전투부대 활동은 이르다고 판단되니 조직 사령부에서 일하는 것이 어떠하오. 지금 우리 유격투쟁에서 가장 시급히 해결해야 할 문제 중 하나가 공병 기술의 부재요. 공병 기술이 요구되는 만큼 공병 군사기술 지도원의 임무를 맡아 주었으면 하오."

"제가 군사기술 지도를 할 역량이 되겠습니까?"

"아니, 그런 겸손의 말씀을 하십니까! 지금 현재 우리 경남 각 지구당 유격대원들은 각자 자기 지구에서 혁명적 투쟁을 전개하고 있소. 하지만 공병 기술이 부족해 어려움을 겪고 있으니 동지의 군사기술 지도사업이 절실하오. 지역의 요구가 절실한 만큼 순회지도 사업을 하시오. 지도과 통계원의 임무를 겸하고, 지도사업차 부대에 나갈 때는 통계 서기가 통계원 임무를 대신 할 것이오."

노영호 조직사령관은 키가 훤칠했으며 미군 야전잠바에 레닌모자를 쓰고 있었습니다. 내 군관모를 쓰겠다기에 나는 바로 모자를 벗어 건넸습니다.

지리산 유격대의 지휘 핵심은 이현상, 이영회, 김지회 동지 등 구(舊)빨치산들입니다. 1948년 10월 여수 군인 봉기 후 남조선 정규군 출신들이 입산하면서 구빨치산의 전투력은 한층 상승했습니다.

〈1951년 1월 경상남도 유격대 현황〉
- 구빨치산 이영회 독립부대를 중심으로 한 약 100~130여 명의 혼합부대

- 102독립부대 인민군 6사단 102포병대 중심의 부대
- 인민군 105남해여단 이춘봉 연대 2개 대대 일부
- 각 군 지구당 소속 부대
- 산청 206부대, 하동군 207부대, 함양·진양·거창·합천·의령 유대.
- 각 지역 유대들은 보통 약 20명~40명 정도의 병력

경남 유격대는 주로 거창, 산청, 함양 등 지리산 일대에서 기동투쟁을 전개했습니다. 의령 유대 등은 자굴산과 황매산(오도산), 가야산 등 야산이 활동 중심지였습니다. 나머지 부대들은 지리산을 중심으로 자기 지역구 범위 안에서 활동했습니다. 102부대, 105부대, 이영회 부대들은 나름으로 독자 투쟁을 벌였습니다.

당시 경남 유격대는 지휘 체계가 자리잡지 못한 상태였습니다. 따라서 각 지구당 유격대들은 경상남도 유격사령부 조직사령관 노영호 사령관의 지도 아래 있었습니다. 경상남도 유격사령부 조직부에는 조직사령관인 노영호 사령관과 조직과장 김OO과장 그리고 나와 서기가 있었습니다. 그밖에 후방부와 연락부가 있었습니다.

지휘부는 황점 마을에 있다 적들의 공세 때 대원사로 이동했습니다. 조직사령부에서는 노영호 사령관의 지시에 따라 각 지구대 유대에 하루 한 차례씩 지시문을 내렸습니다. 조직사령관 지시 사항은 연락부 연락원을 통해 전달되었는데, 때로는 적들의 공세를 피하느라 이삼일씩 지연되기도 했습니다.

〈조직사령관 지시 사항〉
- 대내 사상교양 사업 강화
- 하나, 자기 지역에 대한 정확한 적정 파악
- 완벽한 월동 준비
- 지역 구민들에 적극적인 선전 선동사업 실시
- 돌발 사건은 특선을 통해 즉시 보고할 것
- 제1, 제2, 제3 비상선과 지하망 관리

나는 조직부에서 공병 군사기술 지도와 통계 업무를 보면서 틈나는 대로 노영호 사령관에게 유격전 공병대 역할의 중요성을 제기했습니다. 때로는 각 지역 유격부대에 공병 군사기술 순회지도(오르그) 사업을 나서기도 했습니다.

하동군당 지도부가 중산 마을에 있을 때 공병 군사기술 순회지도를 나갔습니다. 그러니까 1951년 4~5월쯤이었습니다. 사령부에서 손님이 왔다고 고로쇠술을 특별주로 내놓았습니다. 그때 난생 처음 고로쇠술을 맛보았습니다. 그리고 고로쇠 채집 과정도 직접 봤습니다.

노영호 사령관이 동지에게 보냈다고 한 단지 넣어주기에 기분 좋게 받아왔습니다. 노영호 사령관은 고로쇠술을 이렇게 회상했습니다.

"참 좋은 선물이야. 전쟁 전 지리산 생활하면서 여러 차례 마셔봤지."

이 무렵 노영호 사령관은 가야산, 수도산, 지골산, 거창, 합천, 의령 등 중부 지역에 파견되어 이 지역 유격대를 통합해 불꽃사단으로 편성했습니다.

사령부 지도과에 있을 때 나는 노영호 사령관과 자주 대화했습니다.

나는 주로 38선전투 이야기를, 노영호 사령관은 지하 비합투쟁과 지리산 유격투쟁 이야기를 나누었습니다.

노영호 사령관에 따르면 빨치산 총책임자인 이현상 사령관은 미군정의 탄압을 피해 월북했다가 1948년 다시 월남해 그해 11월 지리산으로 입산했다고 합니다.

이현상 사령관은 여순 군인 봉기로 입산한 김지회, 이영회 부대와 합류해 지리산에서 본격적인 투쟁을 벌였습니다. 6.25전쟁이 시작되면서부터는 경상남도 창녕과 마산 방면으로 낙동강 침투와 적 후방 교란투쟁을 전개하기도 했습니다. 그리고 다시 지리산으로 입산 도중 월북했다는 것입니다.

노영호 사령관은 지금도 지리산에 재입산한 이영회, 조영구, 구호택 등 핵심 간부들이 맹렬히 활동하고 있다고 전했습니다.

1951년 5월 이현상 사령관의 남부군이 덕유산에 도착한다는 소식이 들려왔습니다. 지리산의 이영회 사령관은 이현상 사령관을 직접 마중하기 위해 부대원을 이끌고 덕유산으로 출발했습니다. 5월 말 남부군이 덕유산에 도착하자 그들과 함께 지리산으로 들어온 것이 6월 초였습니다.

인민군 전선사령관 리승엽은 강원도춘천 지구 내에서 남부 6개 도 유격통합지휘권을 이현상에게 위임했습니다. 이로써 인민여단, 승리여단, 혁명여단, 호위여단의 4개 부대를 통합 남부군이라 부르게 된 것입니다.

남부군은 덕유산까지 오는 도중에 수 없는 전투를 벌였는데, 그중 가장 빛나는 전투는 청주형무소 해방 작전이라 합니다. 이 작전에서 수감자 동료들을 구했지만 일부는 고문 후유증과 영양실조로 재수감되었다고 합니다.

57사단 순회 기동 투쟁

1951년 7월 조개골 경남도당 비트에서 중부 지역과 제주를 제외한 충청남도, 충청북도, 전라남도, 전라북도, 경상남도, 경상북도의 6개 도당위원장회의가 소집되었습니다. 남부 6개 도의 통합과 유격사령부 편성 문제를 토의해 결정하기 위해서입니다.

6개 도당위원장회의 결과 경상남도 산하 모든 유격부대는 하나로 통합해 '57사단'으로 재편성되었습니다. 57사단은 거리미골 내대 마을에 주둔했습니다.

〈57사단 6개 연대 편성 내용〉
- 1연대: 하동군 유대 부대장을 연대장(구빨치산)으로 삼고, 지방 부대와 구빨치산 중심으로 편성
- 3연대 : 인민군 105연대를 중심으로 편성
- 5연대 : 인민군 6사단 포병대 102연대를 중심으로 편성
- 7연대 : 지방 부대를 중심으로 편성
- 이상 4개 연대는 경남 유격사령부 직속 부대로 지리산 중심으로 편성
- 9연대 : 일명 불꽃사단 노영호 부대로서 독립연대로 편성
　　　　가야산, 수도산의 거창, 합천, 의령 지역에서 활동

- 11연대 : 하준수 사령관과 조영구 사령관 부대
  동부 팔공산 지역과 경상남북도 경계인 수도산 지역에서 활동
- 그밖에 : 사단 직속 부대로서 청년근위대, 여성근위대, 정찰대, 중화기 연대 등

〈57사단 지도부〉
- 사단장 이영회 : 여수 군인 봉기 당시 김지회와 지도부였으며, 구빨치산 지리산 부대장
- 정치사령관 안병하 : 도당 조직부장
- 참모장 구호택 : 지리산 구빨치산 참모장
- 작전참모 정용세 : 6사단 포병연대 출신. 동북 6사단
- 적공과장 문응보 : 인민군 중기 중대장 출신
- 교육과장 한석균 : 인민군 훈련교관 출신
- 1연대장 (구빨치산 하동부대장 외 연대 지도부 기억 없음)
- 3연대장 김화성 : 동북의용군 출신. 6사 포병대 102포병대 포장 인민군 출신
- 3연대 참모장 강창남 : 인민군 105연대 대대장 소좌 출신
- 3연대 작전참모 : 허찬형(가명 허형)
- 5연대장 정일범 : 6사 102연대 포병 대위
- 9연대 독립부대 사령관 노영호 : 서울공대 출신, 지리산 구빨치산

- 11연대 남도부 4지대를 중심으로 하준수 사령관, 조영구 사령관

57사단 3연대에서는 연대장과 참모장이 전투 작전 지휘를 작전참모인 내게 위임했습니다. 3연대 김화성 연대장은 동북의용군 출신이자 6사단 102포병대 포장(중사) 출신이며, 강창남 참모장은 105연대 2대대 후방부 대대장으로 참전했다 입산한 분입니다. 두 분 모두 계급에 상관없이 전투 경험이 부족하다는 이유로 모든 작전을 나에게 위임한 것입니다.

부대 통합과 재편은 남부 6개 도 활동 부대의 지휘 계통을 일원화해 제2전선 구축에 힘쓰고자 한 것입니다.

부대 재편이 있기 전인 1951년 4월, 노영호 사령관은 중부 지역 사령관으로 파견된 후 도당부에서 조영구 사령관을 후임으로 임명했습니다.

앞서 말했듯이 나는 노영호 사령관과 함께 일하는 동안 비합법 투쟁과 지리산 유격투쟁 이야기를 수없이 들으며 배웠습니다. 나는 38경비대 시절 개성 송악산과 해주 앞 음파산, 옹진전투 이야기를 전해주었지요. 이렇게 한 방에서 또는 한 터에서 생활하다 보니 스스럼없이 가까워졌습니다.

비합투쟁의 또다른 스승인 이영회 사령관은 1951년 1월 5일 경남도당 일부 인원이 경상남도 거창 북상면 월성 마을에서 지리산 대원사 앞의 평촌 마을로 이동할 때 처음 봤습니다. 전해 들은 바에 따르면, 이영회 사령관은 여수 14연대 군인 봉기를 주도했고, 그 후 지리산 빨치산 사령관으로 빨치산투쟁을 지휘해 왔다고 합니다.

1951년 8월 초, 이영회 사령관이 57사단장으로 부임했습니다. 말로만

전해 듣던 전설 같은 분에게서 직접 명령을 받고 그의 지시에 따라 함께 투쟁하게 된 것입니다.

57사단으로 재편된 후 첫 투쟁인 1951년 8월 15일 해방기념투쟁이 전개되었습니다. 하동군 화개면 지서 해방 작전을 시작으로 경상남도 일대에서 기동투쟁을 벌였습니다.

〈57사단 순회 기동투쟁〉
- 작전 기간 : 1951년 9월 초부터 10월 말까지
- 작전 구역 : 산청, 거창, 합천, 의령(자굴산, 가야산, 수도산)
- 작전 코스 : 거리미골 출발, 원리, 백운, 산청, 생비량, 삼가, 가회, 대병, 봉산, 신원, 가조
- 참가 부대 : 57사단 1, 3, 5, 7연대 4개 부대 주력 직속 정찰, 청년 근위대, 여성근위대, 소년근위대, 중화연대 후방예비대
  삼가 작전 후 남부에서 활동 중인 노영호 불꽃사단과 합세
- 작전 임무 : 2개 주력 연대는 공격. 2개 연대는 지원 부대 차단 위해 매복
  후방 예비 연대는 해방 지역 적공사업(선전·선동)과 전리품 정리 사업

57사단 순회 기동투쟁은 작전 구역의 모든 거리와 지형을 손금 보듯 꿰뚫고 있는 이영회 사령관의 자신감과 지역 지하 당원들의 적극적 활동과 협조로 이루어졌습니다.

이영회 사령관은 대담한 성격이었습니다. 57사단 편성 당시 9연대는 노영호 사령관 지휘 아래 중부 지역에서 투쟁했고, 11연대는 조영구, 하준수 두 사령관 지휘 아래 동부 팔공산과 수도산 지역에서 투쟁했습니다.

나는 이영회 사령관과 지리산에서 한두 차례 만났습니다. 57사단으로 재편되면서 3연대 작전참모에 임명된 후 기동투쟁 기간 중 부상당할 때까지 이영회 사령관의 지시와 명령을 받았습니다. 이영회 사령관은 작전이 있을 때마다 나를 불러 회의에 동참시켰습니다.

57사단 순회 기동투쟁은 사단 전체가 하나의 경로로 움직이지 않고 두세 개 경로로 나뉘어 제1, 제2 비상선을 정해 흩어졌다 모이는 식으로 전개되었습니다.

기동투쟁에는 1, 3, 5, 7연대 그리고 청년근위대, 여성근위대, 정찰대, 중화기연대가 주력부대로 전투에 임했습니다. 일정한 공격 목표를 정하면 2개 연대가 주공 임무를, 나머지 2개 연대는 상대의 지원 부대 차단을 위해 매복 임무를 맡았습니다. 작전 중 군경이 도발하지 않도록 예비 부대를 대기시키기도 했습니다.

각 부대에 세밀한 작전 임무가 내려오면 곧 작전 수행에 들어갔습니다. 이렇게 화개면 지서 작전을 시작으로 덕산면, 생초면, 산청 생비량, 삼가면, 가조면, 가야면 순으로 경남 일대 순회 기동투쟁이 벌어졌습니다.

57사단 편성 후 첫 투쟁이자 8.15 해방기념투쟁인 화개 지서 작전은 성공이었습니다. 3일 밤낮으로 공격해 화개 지서를 완전히 해방시킨 후 34일 동안 정비하며 휴식했습니다. 첫 투쟁에서 짜릿한 승리 후 부대원들은 사기가 하늘을 찌를 듯했습니다.

약 한 달 동안 휴식을 마친 부대원들은 다음 기동투쟁을 이어갔습니다.

지리산 달뜨기 능선에서 산청 응석봉을 출발해 둔철산을 휘돌아 생비량 지서에 도착한 것이 1951년 9월 13일이었습니다. 우리는 생비량 지서를 13일 대낮부터 포위 공격해 14일 오전 9시쯤 완전히 무너뜨렸습니다.

지서를 해방시킨 생비량에서 오후 4시까지 선전선동 선무 공작사업과 전리품 처리 등을 마친 뒤 곧바로 합천 삼가면 지서 해방 작전에 돌입했습니다.

진주에서 삼가 방향 공격은 1연대가 맡고, 거창에서 삼가 방향 공격은 3연대가 맡았습니다.

지리산 빨치산 대부대가 생비량 지서를 단숨에 삼키고 삼가면 쪽으로 진격한다는 정보를 접한 합천 경찰서장은 의용경찰대와 전투경찰대, 한청년 단원, 합천군 경찰대 등 약 150~200명의 경찰 병력을 삼가 지서에 집중 배치해 놓았습니다. 합천군의 모든 경찰 병력이 삼가면으로 집결하니 다른 지역은 병력 공백 상태가 되어 유격대가 이동하는 데 편리했습니다.

우리 부대는 매복이 있을까봐 일렬종대이 아닌 일렬횡대, 즉 산개해 이동했습니다. 적들의 눈에는 산에도 빨치산, 들에도 빨치산, 논밭에도 온통 빨치산으로 뒤덮인 듯 보였으니 겁에 질려 지서로 몰려들 수밖에 없었습니다.

합천 경찰서장은 GM트럭 두 대로 마치 지원 부대가 들어오는 양 위장하기도 했습니다. 두 GM트럭이 조명을 끈 채 나갔다가 조명을 켠 채 들어오기를 밤새 반복한 것입니다.

하지만 우리 부대는 이미 군경의 지원 부대를 막고자 2개 연대를 매복시킨 후였습니다. 공격을 맡은 주력 2개 연대는 9월 14일 저녁 7시쯤 삼가 지서를 포위하는 데 성공했습니다. 이튿날인 9월 15일은 추석이었습니다. 추석 아침 부대원들은 지서 진입을 시작했습니다.

저들의 맹렬한 저항은 순식간에 무너졌습니다. 합천 경찰서장은 도피하다 사살되었고 경찰 120여 명은 항복했습니다. 붙잡은 포로들은 안병화 정치사령관이 직접 심사했습니다. 그중 8명이 유격활동을 자원했습니다. 나머지 포로들은 다시는 무기를 들지 않는다는 서약서를 받고 집으로 돌려보냈습니다.

삼가 지서 해방 작전이 끝나자 적들의 대대적인 추격을 분산하기 위해 이영회 사령관은 오도산 비상 거점까지 부대원을 두 경로로 이동시켰습니다.

1, 5, 7연대는 이영회 사령관이 직접 병력을 이끌고 가회, 대병, 봉산 방면으로 진격해 오도산에 도착하기로 했습니다.

3연대는 5연대 1개 중대와 함께 비무장 후방 대원들이 지리산 쪽으로 무사히 빠져나갈 수 있도록 자굴산 비상 거점에서 적의 추격을 견제하다 오도산에 합류하기로 했습니다.

삼가 작전에서 우리는 GM트럭 두 대와 81mm포 등을 전리품으로 얻었습니다. GM트럭 한 대는 김화성 3연대장이 운전하고 다른 한 대는 강창남 3연대 참모장이 운전해 자굴산으로 향하는데, 도중에 토벌대가 따라붙었습니다. 거의 세 시간 동안 치열한 전투가 벌어졌습니다.

그들은 우리의 진로를 앞질러 매복하고 기다렸지만, 우리는 그들보다 앞서 빠져나갔습니다. 그 후 그네들은 '빨치산은 날아간다', '축지법을 쓴다'고 혀를 내둘렀습니다.

> "
> 사상푸르고 푸른 영산 상에 포성만 끝이 없구나
> 빨치산의 격전장에는 붉은 피만 강물처럼
> 삼도를 안은 이곳 천왕봉에는 비바람도 비켜가는데
> 자유를 부르짖은 소년 소녀들의 눈물만이 비처럼 젖어든다
> 앞뒤를 막은 포연 속에 골짜기의 청개수도 핏물로 흐른다
> 조국을 지키다 죽어간 수많은 영령들의 넋들만 헤매고 있구나
> "

자골산에서 황매산을 가는 도중에 사단 전체가 포위되어 분산되는 상황이 벌어졌습니다. 이영회 사령관은 5연대 일부를 이끌고 황매산 장악에 성공했습니다. 하지만 3연대와 5연대 2개 중대 병력은 뒤처져 포위된 채 적들과 계속 싸웠습니다.

전투 상황은 몹시 긴박했습니다. 뒤쪽에서 포위망을 좁혀오는 적뿐만 아니라, 앞쪽에서 치고 들어오는 적까지 막아야 했기 때문입니다. 앞쪽은 자굴산 전투 후 추격해 온 206, 207전투경찰대였습니다.

일촉즉발 상황에서 어느덧 해는 지고 어두웠습니다.

'때는 이제부터다!'

순간 나는 머릿속으로 빠르게 작전을 세웠습니다. 그리고 각 중대장들을 불러모았습니다.

"동무들이 보다시피 대단히 불리한 순간입니다. 하지만 당황하지 말고 침착하게 행동하기를 바랍니다. 모두 내 말을 잘 듣고 반드시 임무를 완수해야 합니다. 이곳을 무사히 빠져나가려면 지시를 철저히 따라야 합니다."

나는 숨을 한 번 고르고 동지들을 바라보면서 차분하고도 분명하게 말을 이었습니다.

"지금 정면에서 공격해 오는 적은 악명 높은 206, 207전투경찰대입니다. 적과 우리의 거리는 약 100m 남짓입니다. 거리가 근접해 정면 돌파할 경우 육탄전을 각오해야 합니다. 우리의 우측과 후면은 지방 똥개(의용경찰대)와 사냥개(전투경찰대)들이 버티고 있습니다. 그쪽으로 향한다면 동시에 많은 적들과 싸워야 합니다."

지금 상황을 동지들에게 알리는 것이 무엇보다 중요했습니다.

그러고 나서 나는 중요한 세부 사항을 각 중대장들에게 지시했습니다.

"각 중대 좌측은 강입니다. 강변에는 둑이 있습니다. 우리는 이 둑을 이용해 빠져나갈 것입니다. 우선 곰보 중대는 나와 함께 남아 전체 부대가 이동할 때까지 지원 사격을 합니다. 3연대 2중대는 제일 먼저 강변 둑을 점령합니다. 5연대 중대들은 장악한 둑을 이용해 약 200~300m 전진 후 후비부대들이 빠져나올 수 있도록 유리한 지형을 장악합니다. 마지막으로 나와 곰보 중대는 둑을 장악한 3연대 2중대와 합류하고, 다시 5연대 중대와 합류해 무사히 빠져나갑니다. 이 작전은 30분 내로 완료해야 합니다. 특히 강변은 적의 방어가 공백 상태여서 저항이 없을 것입니다."
작전대로 우리는 단 한 명의 피해 없이 감쪽같이 빠져나왔습니다.

통쾌한 오도산 전투 승리

날이 새기 전에 또 한 번 도로 횡단 작전이 남았습니다. 하지만 부대원들은 계속되는 전투와 행군으로 지칠 대로 지쳤습니다. 잠을 제대로 자지 못해 피로가 쌓이고 부상자들도 문제였습니다.
나는 부대원들에게 잠시 휴식을 주었습니다. 하지만 나는 잠시도 쉴 수 없었습니다. 앞으로 예상되는 지형지물과 적의 배치, 이동 경로 등을 빠르게 정리하며 작전을 구상했습니다.
'오도산까지 큰 도로를 통과해야 하는데, 주요 길목에는 틀림없이 적이 매복해 있을 것이다. 계속되는 전투에 지쳐 이 상태로는 날이 새기 전에 오도산에 도달할 수 없다.'
나는 상황 판단을 마치고 각 중대장들을 불러모았습니다.
"날이 새기 전에 오도산에 도착하기는 매우 어렵습니다. 오도산까지 큰 도로를 무사히 통과해야 하는데, 그러려면 도로 통과 지점을 적들보다 먼저 선점해야 합니다. 각 중대는 1개 분대씩 선발해 곰보 중대장 지휘 아래 먼저 출발하십시오. 적들은 트럭으로 이동하니 동지들보다 앞서기 쉽습니다. 그러나 동지들은 최대한 산의 지름길로 가십시오. 그밖에 다른 부대는 나와 함께 행동합니다."

곰보 중대장은 지시에 따라 도로 통과 지점을 선점하고 매복조 3명을 배치했습니다. 그밖에 다른 중대장들은 직접 적들이 오는 길목을 차단하고 후비부대가 도착하기를 기다렸습니다.

날이 밝아왔습니다. 모든 부대원들을 규합했습니다. 트럭을 타고 다니는 적의 추격 부대가 도보로 이동하는 우리를 앞지른 줄 알았는데, 오히려 우리 부대가 빨랐습니다.

나는 부대원들이 방심하지 않도록 주의를 주었습니다.

"이제 도로를 지나는 것은 문제 없습니다. 안전지대에 도착한 것과 다름없습니다. 그러나 절대 긴장을 풀지는 마십시오!"

그때 정찰병이 다급하게 전했습니다.

"작전참모 동지, 지금 산 입구에 서너 명이 탄 추격대 지프차가 막 도착했습니다."

나는 그 말에 놀라 '전 부대 전투 준비!' 하고 소리쳤습니다. 그리고 각 중대장들에게 명령을 내렸습니다.

"곰보 중대장은 전체 부대원이 도로를 넘을 때까지 도로를 사수하십시오. 각 중대는 중대장의 직접 인솔 하에 도로를 횡단하십시오. 도로를 건넌 선발대는 후비부대가 무사히 넘도록 지원 사격 부대를 즉시 배치하십시오."

나는 2중대와 경기관총 사격수 두 명과 함께 실능선을 타고 산 입구 쪽에 다다랐습니다. 전방 100m 앞에 세워둔 지프차가 보였습니다. 그리고 뒤를 이어 30여 명씩 추격대를 태운 트럭이 7~80m 간격으로 들어오고 있었습니다.

산비탈을 돌아온 트럭 두 대는 확인되었으나 나머지 트럭은 산비탈에 가려 판단이 불가능한 상태였습니다. 나는 먼저 트럭 두 대를 공격하라는 명령을 내렸습니다.

"두 경기관총수는 한 명이 한 대씩 공격하라. 집중 경기관총 사격에 놈들이 분산되어 조준 사격이 불가하면 퇴각하라. 저 산굽이 뒤에는 최소한 2~300명의 병력이 뒤따르고 있을 것이다. 오도산 도착은 눈앞에 있으니 걱정하지 않아도 된다."

이어서 2중대장에게도 지시를 내렸습니다.

"중대장, 지금 보이는 지프차에 두 명은 차 안에, 두 명은 차 옆에 있습니다. 가능한 한 놈들에게 발견되지 않도록 접근 가능한 지점까지 접근하십시오. 작전 개시 전에 행동하다 발각되면 작전은 실패합니다. 지프차를 공격해 불태운 즉시 퇴각합니다. 중대원들은 지프차 공격과 동시에 중대장의 명령에 따릅니다."

그때 우리 부대는 장기간 계속된 싸움에 지친 상태에서 무리한 작전일 수도 있었습니다. 하지만 밥상에 놓인 고기를 마다할 수는 없었습니다. 오도산이 눈앞이라 작전 후 적들이 추격해 와도 걱정없으리라 판단했습니다.

2중대가 작전 지역으로 출발한 지 3~40분 지났을까, 요란한 총성이 한 동안 이어졌습니다. 적들의 반격이 시작된 것입니다. 그러나 노련한 동지들의 활약으로 작전은 전투 시작과 동시에 이미 끝난 것과 다름없었습니다. 한 시간도 안 되어 모든 상황이 완료되었습니다.

이 오도산 입구에서 벌어진 전투는 단 한 명의 부상자 없이 통쾌한 승리로 끝났습니다. 적의 지프차는 완전 소각되었고 두 명은 사살되었으며, 두 명은 부상을 입었습니다. 그리고 카빈총 3정, 권총 1정과 다량의 탄약과 피복 등을 거두었습니다. 뒤따르던 적의 트럭은 완파되었고, 부상자들은 도주했습니다. 그 후 정보에 따르면 10여 명의 사상과 20여 명의 부상 등 추격대의 기세는 완전히 꺾였다고 합니다.

단시간에 이룬 통쾌한 작전 성공이었습니다. 오도산 주능선에 오른 전 부대는 사기 충천하여 지리산 빨치산 노래를 불렀습니다.

"
지리산 첩첩산악 손아귀에 걷어잡고
험악한 태산준령 평지간을 넘나드세
우리는 빨치산 최후의 승리 위해
목숨 걸고 싸운다

기동치든 부는 바람 우재호통 외치고
깊은 골 흐르는 물 승리를 노래한다.
우리는 빨치산 최후의 승리 위해
목숨 걸고 싸운다
"

행군은 계속되었습니다. 오도산 능선을 따라 굽이굽이 돌아가는데 정찰병으로부터 적을 발견했다는 신호가 왔습니다.
'적들이 이미 오도산을 장악했다는 것인가? 무언가 잘못되었을 것이다.'
나는 곰보 중대장에게 정찰 내용을 다시 확인해 보라고 지시한 뒤 전 부대에 경계 태세를 내렸습니다.
잠시 후 다행히 정찰 정보가 잘못되었음을 확인했습니다. 후비부대를 마중나온 아군이었던 것입니다. 우리는 그들과 얼싸안고 만세를 부르며 춤을 추었습니다. 이영회 사령관은 분산된 후비부대가 걱정되어 5연대 박찬경 작전참모 지휘 아래 1개 중대를 파견했던 것입니다.
잠시 행군 후 57사단 전원은 약 70호 되는 민주 마을에 합류했습니다.
사단 전원이 집합하자 이영회 사령관이 사단 대열 앞에 섰습니다. 나는 다음과 같이 보고했습니다.
"사령관 동지, 3연대와 5연대 일부는 사고 없이 무사히 도착했습니다. 추격해 오는 적들을 기습해 카빈소총 2정을 획득하고 2명 사살, 2명 중상, 2대의 트럭을 파괴했습니다. 트럭에 타고 있던 적 수 명이 사망과 중상을 당했으며 일부는 도주했습니다. 이상. 보고자 3연대 작전참모 허형."
보고가 끝나자 이영회 사령관이 축하인사를 했습니다.
"이번 기동투쟁의 승전을 축하하기 위해 지금 합천군당에서 소 한 마리를 보내왔습니다. 그리고 연락이 두절된 부대원 전원을 무사히 인솔한 3연대 작전참모 동지의 영웅적 투쟁에 박수를 보냅시다."

그리고 환영인사가 이어졌습니다.

"허형 참모는 인민군 38경비여단 소속으로 최현 장군 휘하에서 많은 전투 경험과 실전을 쌓았습니다. 그러기에 동지들 모두 무사히 복귀하는 데 성공했습니다. 다 같이 환영해 맞이합시다."

순간 모든 부대원에게서 '와~' 하는 함성이 터져 나왔습니다.

나는 이렇게 화답했습니다.

"이번 작전 중 부대의 무사귀환은 합천군당 지하당원의 자세한 지형안내가 있었기에 가능했습니다. 합천군당 지하당원들에게 그 공을 돌려주어야 한다고 생각합니다."

우리는 서로에게 공을 돌리며 치하했습니다.

합천군당 지하당원들의 공로는 이뿐만이 아닙니다. 가조 투쟁 전날 밤의 일입니다.

지하당원들은 휴식 중에도 적공과 대원들은 마을 주민들을 상대로 선전선동 사업을 전개했습니다. 이 과정에서 이삼십 명의 병자들이 돌팔이 의사에게 치료받고 있다는 정보가 안병하 정치사령관에게 보고되었습니다.

합천군 병원장 출신의 57 사단 군의관이 곧바로 조사에 들어갔습니다. 마을의 어느 의사가 위장병, 관절염, 신경통 등 가벼운 성인병을 앓는 환자들에게 소화제나 아스피린을 처방하면서 마치 몹쓸병에 걸린 양 겁을 준 뒤 완치시켜 주겠다며 치료비를 가을 추수 후 곡식으로 납부하게 한다는 것입니다.

군의관 동지는 환자들에게 정확한 병명과 처방받은 약에 대해 설명했습니다. 환자들은 몇 개월씩 치료받아도 증상이 악화되고 있다며 돌팔이 의사를 처단해야 한다고 격분했습니다.

사건을 보고받은 안병하 정치사령관이 나섰습니다.

돌팔이 의사는 사령관 앞에 무릎 꿇고 살려달라고 애원하며 빌었습니다.

"여러분의 주장대로 이 의사는 백 번 죽어 마땅합니다. 하지만 귀한 생명 살려주면 다시는 잘못을 저지르지 않는다니 살려줍시다."

빨치산 활동은 기본적으로 지형지물 파악이 승패를 좌우합니다. 57사단 기동투쟁이 성과를 올리며 투쟁할 수 있었던 것은 이 지역당인 합천군당과 거창군당 소속의 지하당원들이 지역 민심을 얻고 선두에서 안내했기 때문입니다.

이런 헌신적인 지하당원들 덕에 민주 마을이 될 수 있었습니다. 우리는 민주 마을에서 하룻밤 무사히 휴식했습니다.

사령관 동지가 우리를 둘러보며 말했습니다.

"지시가 있을 때까지 전원 휴식합시다. 작전참모들만 남으십시오. 그리고 적들의 변화가 없으면 오늘밤을 보내고 내일 아침 행동할 계획인바, 야간 경비경계를 강화하시고 내일 가조면 지서 공격 작전은 아침에 작전 설계합시다."

생비량전투에서는 생비량 지서장이, 삼가전투에서는 합천 경찰서장이 사망했습니다. 그러자 적들은 전투경찰대와 지방 경찰을 총동원해 집중 공세를 펼쳤습니다. 이에 57사단 지휘부는 지리산으로 회군하느냐, 기동투쟁을 계속하느냐를 두고 의견을 나누었습니다. 이영회 사령관은 계속하는 쪽으로 뜻을 두어 57사단의 기동투쟁은 계속되었습니다.

우리는 쫓기고 쫓고, 치고 도망치는 기습공격을 감행해 적들에게 치명적인 타격을 주었습니다. 야간에는 행군하고 주간에는 대담하게 공격을 펼쳤습니다.

1951년 8월 초 거리미골 내대 마을에서 57사단으로 재편성된 뒤 8.15 기념투쟁인 화개 지서 투쟁을 시작으로 덕산면, 생초면, 산청 생비량에 이르기까지 기동투쟁이 이어지자 적들은 겁에 질려 도망가기에 바빴습니다.

물론 생비량에서는 약 150~200여 명의 경찰 병력이 집결되어 지서장 구회조의 지휘 아래 맹렬히 저항하기도 했습니다. 하지만 대부분 우리 57사단 기동투쟁에 순식간에 무너졌습니다.

삼가전투 후 가회면, 대병면, 신원면 등을 통과하면서는 선전포고문을 미리 전달하기도 했습니다. 민간인에게 우리의 승전을 알리는 한편 피해를 막기 위해서였습니다. 다행히 우리는 큰 저항없이 마을들을 통과해 가조면에 다다랐습니다.

〈57사단 선전포고문〉

우리는 이영회 57사단이다.
우리의 요구는 너희들의 생명이 아니고 보급 물품이다.
너희들의 생명을 노리지 않는다는 것은
삼가지서에서 120명의 포로들을
전원 집으로 돌려보내준 사실로 입증할 것이다.

OO시경에 지서에 진입할 것이니 지서 장비는 두고 몸만 피해라. 그렇지 않을 경우에는 너희들 생명은
보장할 수 없음을 경고한다.

57사단장 이영회 사령관 배상

부상과 순이의 수혈

거창군 가조면 지서 해방 작전은 3연대가 주력 공격 임무를 담당하게 되어 내가 지휘책임을 맡았습니다.
1951년 9월 17일 이른 아침 이영회 사령관으로부터 작전 지시를 받고, 오전 7시쯤 가조 지서로 출발했습니다. 오전 9시쯤 지서가 눈앞에 나타나자 일제히 함성을 지르며 단숨에 지서를 포위했습니다. 하지만 적들이 맹렬히 저항해 공격하자마자 사격전이 펼쳐졌습니다.
돌격조는 지서 울타리와 마을 담벼락 사잇길을 두고 대치했습니다. 돌격조와 적과의 대치 거리는 불과 5~60m였습니다. 사격은 할 수 없고 여차하면 육탄전을 벌여야 할 상황이었습니다.
이영회 사령관은 돌격조와 함께 점령지에서 작전을 끝내겠다며 들어가려고 했습니다. 나는 사령관을 붙잡았습니다.
"안됩니다. 사령관 동지, 정말 위험합니다. 작전을 빨리 끝내려는 의지는 이해됩니다만 일분일초를 다투는 결전입니다. 제가 들어가겠습니다. 제가 가겠으니 이곳에 계십시오."
돌격조원들이 점령한 지점까지는 집들이 이어져 있어 사잇길을 피해

무리없이 접근할 수 있었습니다.

돌격조는 적의 망루와 마주보고 있었습니다. 적의 망루에는 M1 총구가 사잇길 쪽으로 겨누어져 있었습니다. 팽팽한 긴장감이 흘렀습니다. 백주대낮이라 한 치 앞도 전진하기 어려웠습니다.

나는 돌격대장인 곰보 중대장을 불렀습니다.

"저 뒤에 있는 방앗간 뒷담을 뚫으십시오."

그리고 다른 돌격대원에게도 명령했습니다.

"방앗간에서 석유와 이불솜을 가져오십시오."

망루에 방화할 작전이었습니다.

곰보 중대장은 곧바로 중대원들과 방앗간 뒷담을 뚫었습니다. 노련한 중대장답게 언제든 방앗간 뒷담 벽을 뚫고 뛰쳐나갈 수 있는 준비를 완료했습니다.

방앗간 집 마당에 세워놓은 빨랫줄 대나무 장대에 석유를 부은 솜뭉치를 달아매었습니다. 그리고 불을 놓아 뚫린 담 구멍으로 망루 지붕을 향해 번지게 했습니다.

불길이 솟자 망루에 있던 적들이 지서 사무실 안으로 몰려들었습니다. 우리 돌격대 3명은 망루로 진출해 최후 결전을 펼치기로 했습니다.

그때 적의 수류탄 유탄이 돌격대 앞에서 폭발했습니다. 나는 폭발 구덩이에 쓰러지고 말았습니다. 정신 차리고 보니 귀와 손, 다리 등 몸 곳곳에 심한 부상을 입었습니다.

다행히 나는 부대원들에게 구출되었습니다. 돌격대 2명이 전사하고 3명이 부상을 당했습니다. 끔찍했던 당시 상황을 돌이켜보니 그때 내가 말리지 않아 사령관이 그 자리에 있었다면 어찌 되었을까 몸서리가 납니다.

출혈이 심해 의식을 잃은 나는 사고 이튿날이 되어서야 깨어났습니다. 몸 20군데 넘게 부상을 입었다니 살아난 것만으로도 기적이었습니다.

아침 해돋이 무렵이었습니다. 정신을 되찾아 주위를 살펴보니 저를 들 것에 뉘여놓고 앞뒤 좌우에 닥불을 피워놓았습니다. 3연대 위생병과 5연대 위생병, 57사단 군의관 그리고 경비대원들 두세 명이 제 주위를 둘러싸고 있었습니다.

내가 의식을 차린 것을 알고 누가 내 손을 잡았습니다.

"정신 차려, 오빠 죽으면 안 돼."

바로 임순이 동지였습니다. 5연대 소속이던 임순이 동지는 이영회 사단장이 특명을 내려 여기까지 달려왔다는 것입니다.

군의관 동지는 내가 의식을 잃은 동안 벌어진 일들을 설명했습니다.

"이영회 사령관께서 작전참모를 꼭 살리라고 하셨습니다. 출혈이 심해 수혈해야 하는데 동지의 혈액형을 확인할 방법도 없고, 또 확인한다 해도 같은 혈액형을 구할 수 없어 난간한 상황이었습니다. 다행히 5연대 임순이 동지가 작전참모 동지의 부상 사실을 알고 달려와 기꺼이 수혈을 했습니다."

임순이 동지가 자신의 혈액형을 안 덕분이었습니다. 군산 내무서 교환수로 일할 때 혈액형 검사를 받았기 때문입니다. 임순이 동지는 모든 사람에게 수혈할 수 있는 O형이라 내 혈액형을 확인할 것도 없이 바로 수혈했다고 합니다.

"오빠, 정신 나요?"

나를 오빠라고 부르는 임순이 동지의 눈가가 어느새 촉촉하게 젖어들었습니다.

나는 임순이 동지의 오빠와 동갑이었습니다. 전주형무소에서 학살당한 오빠에 대한 그리움으로 나를 오빠라고 부르게 된 것입니다. 나는 보광리에서 40여 일 동안 정성을 다해 치료해 주던 순이와 의결을 맺었습니다. 순이의 피는 지금도 내 몸속에 돌고 있습니다.

"

지리산 팔백 리 천왕봉에서 노고단까지 총소리는 멎었지만
아무도 돌보아줄 사람 없는, 산골짜기를 헤매는 순이야
뜨거운 햇살을 먹고 차가운 달빛을 마시며
그래도 누군가는 기다리는 반짝이는 눈매
반백 년 투쟁의 역사를 짊어지고
소녀병을 찾아 방랑하는 노전사는 살아있어
밤하늘 어둠을 먹고 찬란한 별빛을 마시고 전쟁은 끝났지만
백발의 노병사의 부름이 불러도 불러도 대답 없구나!

"

이 순간이 마지막이 될 줄 누가 알았겠습니까. 기동투쟁은 경남 유격투쟁사의 상징과도 같습니다. 1951년 8월 초에서 10월 중순까지 단 하루도 격전을 벌이지 않은 날이 없었습니다. 순이는 이 이 모든 기동투쟁

에 적극적으로 나섰습니다. 그러나 12월과 이듬해 1월 공세 때 순이가 전사했다는 소식을 나는 뒤늦게 광주 포로수용소에서 전해 들었습니다.

중환자 비트에서 포로로 잡히다

밤낮으로 계속된 적들의 추격을 피해 이 골짜기 저 골짜기 가시덤불을 찾아 위장하고 은폐해야 했습니다. 이영회 사령관은 기동성이 중요한 상황에서 부상병들과 함께 이동할 수 없다고 판단했습니다. 환자들은 합천군당 동지들에게 맡기고 전체 부대는 지리산으로 이동했습니다. 환자 이송 책임자는 송송학 선생이었습니다. 그렇게 부대와 헤어진 후 약 일주일 동안 연락이 완전히 끊겼습니다. 나를 포함한 환자들은 물 한 모금, 치료 한 번 없이 가시덤불 속에서 지내야 했습니다.

그때가 10월 중순이라 산속은 무척 추웠습니다. 추위를 견디기도 힘든데 더욱 고통스럽게 괴롭힌 것이 상처에 파고드는 이와 구더기 떼였습니다. 목숨이 붙어 있다지만 사실 죽은 목숨과 다를 바 없으니 이와 구더기가 몰려드는 일이 당연해 보였습니다.

송송학 선생은 그때 이영회 사령관이 작전참모를 책임지고 살리라는 명령을 내린 일을 오늘날까지 잊지 못한다고 합니다. 지금 삼천포에 사는 송 선생은 그 날의 명령을 잊지 않고 내가 사는 대전까지 오토바이에 펄펄뛰는 전어 한 박스를 싣고 오는 대단한 분입니다.

> "
> 지리산 가야산 상봉 구석진 가시넝쿨 속에서 죽음을 이미 맹서했지만
> 맞아 죽고 굶어 죽고 얼어 죽음을 견딜 수 없는 상처에
> 똥파리 구더기 습격에 응원 온 이떼들의 공세에 오장육부도 이미 멎어섰다.
> 토벌대의 총소리 귓전을 때리고 사라진다
> 물 한 모금 넣어줄 사람 없어 밤이 왔는지 희미한 달빛 마시며
> 날이 샜는지 따스한 햇살을 품어본다
> 중환자 비트라지만 산다래, 넝쿨 속
> 입술가에 맺힌 새벽 찬이슬 빨고 또 빨아
> 일어서라, 일어서 이를 악물고 살아나자
> "

그렇게 고통스러운 일주일이 지나고, 환자들을 구하기 위해 1개 중대가 동원되었습니다. 우리는 중대의 도움을 받아 수도산 중환자 비트로 이송되었습니다.

수도산은 경상남도와 경상북도 경계에 위치한 산으로, 지리산에서 가야산을 거쳐 다시 덕유산으로 연결되는 중간 지점입니다.

기동투쟁 기간 내내 많은 부상자가 발생했습니다. 수도산에는 중환자는 물론 경환자와 열병환자가 칠팔십 명씩 머물기도 했습니다. 남부군은 남하하다 미군이 강원도 산악지대에 살균을 살포해 장질부사라는 열병질환을 퍼뜨렸습니다. 이 전염병으로 많은 부대원이 희생되었습니다. 수도산 경환자 비트에는 전염병 환자들이 대부분이었습니다. 정순

덕 동지도 수도산 경환자 비트에서 구사일생으로 살아나 부대에 복귀했습니다.

"
깨어 보니 고향집 아랫목이 아니라 수도산 단지봉 밑에 은폐된 비트
어머니! 어머니! 부르다가 소녀도 굳어지고
물, 물 외치다가 소년 근위대원도 갔다
100m 위의 능선에선 토벌대의 군화 소리
간간히 골짜기를 향해 울리는 위협의 공포 사격
구원 부대와 세포원(연락원) 오지 않고
날이 새면 시체가 또 하나 누워 있다

▲ 수도산 올라가는 길 (2019. 5. 10.)

> 먼동 트는 새벽 새소리에 잠을 깨우고
> 어둠과 죽음의 공포 속에서도
> 기어코 살아야지!
> 살아서 다시 총을 메어야지!
> 어디선가 멀리 포성은 요란하구나
> "

(1951년 12월 어느 추운 날 수도산 단지봉 밑 환자 비트에서)

전염병을 앓거나 부상이 가벼운 경환자 비트 50여 명은 10월 말쯤 대부분 부대에 복귀했습니다. 좀처럼 상태가 호전되지 않는 중환자 비트 9명은 움막과 천막 두 군데에 나뉘어 계속 고립되었습니다.

중환자 비트 움막에는 9연대 정치위원과 합천군 유격대 참모장, 합천군 유격부대원 두 명 등 모두 4명이 머물렀습니다. 9연대 정치위원과 합천군 유격대 참모장은 부상이 심해 거동조차 할 수 없었습니다.

천막에는 3연대 작전참모인 나하고 전남 광주 도립병원 간호사 김선옥 여성근위대원, 강원도 고성군 고등학생 이철이, 함양 출신 이재기 등 5명이 머물렀습니다.

대대적인 토벌공세가 벌어지는 바람에 중환자 비트와 본부대는 5일 간격으로 연락할 수밖에 없었습니다. 그러다 한 달 가까이 연락이 두절되고 말았습니다. 본부대와 연락이 끊기니 보급과 치료가 전혀 이루어지지 않았습니다. 그나마 무 몇 개로 멀건 뭇국을 끓여 겨우 생명을 유지할 뿐이었습니다.

1952년 1월 5일 아침 8시쯤이었습니다. 경상북도 금천군 경찰들이 중환자 비트를 기습했습니다. 움막에 있던 9연대 정치위원과 합천군 유격대 참모장은 함께 있던 두 부대원들에게 손들고 나가라 하고는 그 자리에서 총을 쏘아 자살했습니다.

천막에 있던 함양 출신 이재기는 도망을 가다 체포되었고, 나는 천막 밖으로 뒹굴려지다 체포되었습니다. 고등학생 이철이 등 나머지 세 명은 여성근위대원 김선옥 간호사가 갖고 있던 수류탄으로 함께 자살했습니다.

포로가 된 네 명 중 합천군 유격대 두 명은 우익 유격대인 사찰유격대로 지서에 남고, 나와 이재기는 금릉군 김천경찰서에 수감되었습니다.

고향 삭주를 같이 떠나온 이종사촌 형 정석주(부친 정국희)가 있었습니다. 갑자생으로 결혼해서 아이 둘을 두었고, 낙동강과 지리산에서 나와 함께 했지만 그 역시 고향에 돌아가지 못하고 남도에 뼈를 묻었습니다.

나는 김천경찰서 유치장에서 합천군 유대 정치위원 변용희 동지를 만났습니다. 변용희 동지는 강병주 동지와 함께 수도산 환자 비트에 연락을 전달하러 왔다가 기습을 당해 포로가 되었다고 합니다. 변용희 동지는 유치장에 수감되었지만 사찰유격대는 강병주를 포섭했습니다.

강병준은 일주일에 한 번씩 수도산 환자 비트로 오는 연락원이었습니다. 강병준의 변절로 수도산 환자 비트가 기습을 당한 것입니다.

나와 변용희, 함양 출신 이재기는 김천헌병대에서 대전헌병대로 갔다가 다시 남원 토벌사령부를 거쳐 광주포로수용소에 수용되었습니다.

광주 포로수용소에서는 처음 우리를 받아들이지 않았습니다. 남원토벌사령부 관할 구역이 아닌 타 지역에서 잡힌 포로는 수용할 수 없다는 규정 때문이었습니다. 그래서 남원토벌사령부로 가서 마치 우리가 관할 구역에서 잡힌 것처럼 서류를 꾸민 뒤 다시 광주포로수용소에 들어오게 된 것입니다.

1951년 12월 우리를 향한 대공세는 이듬해 1월까지 계속되었습니다. 토벌대들은 주로 지리산 일대를 대상으로 삼았습니다. 이런 적들의 공세를 예견하지 못하고 월동을 하기 위해 모두 지리산으로 몰려든 것이 패착인 듯했습니다. 그에 비해 중환자 비트가 있던 수도산은 공세가 심하지 않았습니다. 다만 변절자의 안내를 받고 기습하는 바람에 이렇게 속수무책으로 당한 것입니다.

4부. 전쟁 포로 또는 비전향 사상범

▲ 광주 중앙포로수용소 (1952) [사진 : 이경모 선생(눈빛출판사 제공)]

공포의 제2포로수용소와 변절자들

　광주포로수용소는 제1포로수용소와 제2포로수용소로 나뉘어 있었습니다. 나는 제2포로수용소에 수용되었습니다.
　제2포로수용소 책임자인 헌병 강중사는 악랄했습니다. 자신의 이익을 위해 악착같이 포로들을 이용하려 들었습니다. 갖은 협박과 회유로 인민군 출신 포로들은 감시자로, 당원 출신 포로들은 정보원으로 삼았습니다.

이런 분위기 때문에 수용소 안에서 같은 부대 소속이나 아는 얼굴을 만나더라도 아는 체를 할 수 없었습니다. 혹시 들키기라도 하면 변을 당했기 때문입니다.

그곳에서 나는 아는 얼굴을 아는 체 할 수 없는 안타까움보다 아는 얼굴이 아는 체를 하는 불편함이 더 고통스러웠습니다. 한때 동지였던 인민군 105연대 2대대장 최석연은 제2포로수용소 감찰대장 노릇을 하고 있었습니다. 낙동강 후퇴 때 만난 2사단 포병참모 김덕진도 감찰이 되어 포로들을 감시했습니다.

그들이 완장을 찬 것에 대한 문제보다 어떻게 행동했느냐의 문제가 배신감의 크기를 더했습니다. 변절자들과는 달리 6사단 포병대대장 이우기는 적들의 지시에 따르지 않고 포로들의 이익을 대변하다 억울하게 사형을 당했습니다.

105연대 2대대장 최석연은 무주 구천동에서 처음 만나 경남 지리산 사령부 노영호 사령관 밑에서 각 부대에 공병기술을 지도하러 나갔다가 다시 만났습니다. 김덕진 참모는 낙동강 후퇴 때부터 지리산까지 줄곧 동행했으니 인연이 결코 짧지 않았습니다. 그런데 이렇게 포로수용소에서 포로 신세로 재회하게 된 것입니다.

김덕진 참모장은 나를 보더니 반갑게 인사했습니다.

"너 귀신이냐? 백무동골에서 사단이 네 추도식을 했어. 그런데 어떻게 살아 있냐!"

"이렇게 살아 있습니다. 기적이죠"

나는 변절한 옛 동지들이 아무렇지 않은 듯 말을 건네며 다가오는 것이

몹시 불편했습니다. 지난날 저마다 애국투사라 자처하던 사람들이 겉과 속이 모두 변할 줄 차마 몰랐습니다. '열 길 물 속은 알아도 한 길 사람 속은 모른다'는 속담이 새삼 떠올랐습니다.

그러나 한편으로는 나도 건강한 몸이었다면 적들의 회유와 협박을 뿌리칠 수 있었을까 하는 생각도 해봤습니다.

이인모 선생을 만나다

제2포로수용소 분위기가 이렇다 보니 서로 모르는 체하는 것이 상책이었습니다. 그들도 우리가 서로 대화할 수 없게 삼보 이상 구보라는 구호를 시켰습니다. 만약 어기면 영락없이 초주검이 되도록 기합을 주었습니다.

끔찍한 포로수용소 생활은 이뿐만이 아니었습니다. 배식으로 고구마 뿌리와 넝쿨로 소금도 없이 끓인 국물을 주었는데, 염분이 부족하다 보니 이질에 걸리기 십상이었습니다. 위생적이지 못한 환경 때문에 합병증까지 앓다가 많은 포로들이 죽어나갔습니다.

1952년 5월에는 포로수용소 상황이 더 험악해졌습니다. 하루에도 수십 명씩 포로들이 불려나갔지만 대부분 온데간데없이 사라지고 돌아오지 않았습니다.

그러다 나는 수용소에서 이인모 선생을 다시 만나게 되었습니다. 지금은 수용소 감찰 완장을 찬 김덕진 참모장이 예전에 내게 경남 도당학교 간사로 있던 이인모 선생을 '일제 투사'라며 존경의 눈빛으로 소개하던 일이 떠올랐습니다.

나는 눈물 나게 반가워 나도 모르게 아는 체를 할 뻔했습니다. 그러자 이인모 선생은 깜짝 놀라 손가락을 입에 대었습니다. 순간 나는 입조심하라는 충고임을 알아차렸습니다. 그즈음 감찰들이 먹이 찾는 짐승마냥 건수를 잡으러 포로들의 천막을 샅샅이 뒤지고 다녔기 때문입니다.

며칠 후 나는 때를 보아 담요를 뒤집어쓴 채 이인모 선생에게 말을 걸었습니다.

"이선생님, 저는 놈들과 싸움에서 세 번이나 중상을 당했습니다. 살아도 죽은 목숨이나 다름없습니다."

그러자 이인모 선생은 내 손을 꽉 잡으며 희망을 주었습니다.

"전쟁은 멀지 않아 끝난다. 그러면 포로는 송환되겠지. 희망을 갖고 굳세게 살아나가야 한다."

그러더니 이인모 선생은 감찰대장 최석연에 대해 물었습니다.

"자네 감찰대장 최석연이를 아는가?"

"예, 압니다. 105연대 2대대장이었다가 무주군 설천면 해방 작전 때 지휘책임자로서 작전을 회피한 적이 있습니다. 도당에서 이 총화사업 실패에 대한 책임을 물어 계급을 강등시켰죠. 전사 생활 사오 개월 때쯤 제가 노영호 사령관에게 복직을 건의했더니 도당 남경우 위원장에게까지 건의가 올라가 다시 대대장으로 복직된 사람입니다."

이인모 선생은 그 말을 듣더니 걱정스레 물었습니다.

"그 총화사업은 당에서 파견된 내가 지시한 걸세. 그 문제로 감정적으로 나오지 않을까?"

"그렇다면 제가 한번 만나보겠습니다."
얼마 후 나는 지나가는 최석연 감찰대장을 불렀습니다. 최석연은 나를 보더니 김덕진 참모장처럼 귀신이라도 본 듯 깜짝 놀랐습니다.
"너 죽었다고 했는데?"
"이렇게 살아있어."
"그래, 많이 다쳤지?"
"아픈 곳이 너무 많지만 당장 피똥싸는 병에 죽을 것만 같아."
"그래?"
최석연 감찰대장은 내가 이질로 고생한다고 하니 미안한 표정을 지었습니다. 아마도 내가 그의 복직 건의를 한 일을 알고 있는 듯했습니다. 그는 자신이 감찰대장이 된 일도 미안해 하는 듯했습니다.
"자네한테 미안하네. 도저히 산에서는 살 수 없어 자수했어."
나는 이왕 이렇게 된 것, 다른 포로들에게 잘 대해줄 것을 부탁했습니다.
"감찰대장만 살면 되나! 나도 살고 다른 포로도 살아야지. 그건 그렇고 이질약은 없나?"
"그래. 내가 좀 구해줄게."
그때까지 이인모 선생은 담요를 뒤집어쓴 채 우리가 나누는 이야기를 모두 듣고 있었습니다.
잠시 후, 최석연 감찰대장이 종이 뭉치를 들고 다시 천막에 왔습니다. 나는 나가려는 그를 불러 앉혀 넌지시 물었습니다.
"내가 지나가는 이인모 선생님을 본 적이 있어. 선생님이 어느 천막에 있는지 살펴서 잘 돌봐 드려라."

"그래 자~알 돌봐드려야지. 내가 산에 있을 때 괄시받은 일을 생각하면 도당 간부들은 몽땅 내 손에서 살아남지 못할 거야. 너도 정신차려."

순간 나는 말문이 막혀 아무 말도 하지 못하였습니다. 그리고 감찰대장은 화를 내며 가버렸습니다.

최석연 감찰대장이 천막 밖으로 나가자 이인모 선생은 씁쓸하게 말했습니다.

"그래 그놈이 그럴 것 같더라."

다음날 나는 감찰대원이 된 김덕진 참모장를 우연히 만나 전날 최석연 감찰대장하고 있었던 일을 전했습니다. 그러자 김덕진 참모장은 혀를 차며 딱하다는 듯이 말했습니다.

"최석연이 미친 게 아니라 허 동지가 미쳤군!"

말은 그렇게 해도 김덕진 참모장은 최석연 감찰대장과는 생각이 다른 듯 보였습니다.

마침 이인모 선생이 우리 앞을 지나는 길이었습니다. 김덕진 참모장은 이인모 선생에게 깍듯이 인사하며 말했습니다.

"선생님, 몸 조심하십시오. 다시 올 테니 안심하세요."

이틀 후 최석연 감찰대장과 김덕진 참모장이 이인모 선생을 찾아와 정중하게 인사했습니다. 나중에 김덕진 참모를 통해 들은 이야기로는, 앙금이 남아 있는 최석연 감찰대장에게 이런 저런 양해를 구했다고 합니다.

그 일이 있은지 얼마 지나지 않아 이인모 선생님이 불려나가 못 보게 되었습니다. 하지만 들려온 소식으로는 그들에게 피해를 입는 일은 그 후로도 없었다고 합니다.

나도 곧 광주포로수용소를 떠나 광주형무소로 이감되었습니다. 검사는 전쟁 포로인 나에게 '비상사태 하 특별조치령' 및 '보안법'을 내세워 사형을 구형하더니, 김상봉 부장판사는 징역 15년을 선고했습니다. 이렇게 오랜 옥살이가 시작된 것입니다.

전쟁 포로를 대상으로 한 재판놀이

나는 약 8개월 동안 광주포로수용소에 갇혀 있다 광주형무소로 이감되었습니다. 죽다 살아남은 다른 포로들도 전국 형무소로 나뉘어 수감되었습니다.

6.25전쟁 중에 잡힌 포로들은 거제포로수용소에 집결시켜 미군이 관리했습니다. 이승만 정권은 전쟁 포로에 대한 간섭권이 없었습니다.

나처럼 유격활동을 하다 잡힌 포로들은 광주포로수용소에 수용되었으며, 이승만 정권이 관리했습니다.

포로 수용소에는 정당인과 사회단체인, 부역자 또는 통비분자로 찍힌 일반 양민 등 약 1~2만 명이 수용되었는데, 그중 인민군 출신이 2~3천 명쯤 되었습니다.

이승만 정권은 인민군 출신 포로들을 2차에 걸쳐 선발해 거제도포로수용소에 보내는 듯하더니, 도중에 그만두고 광주포로수용소의 간판에서 '포로'라는 두 글자를 뺀 뒤 포로들을 일반 범죄인처럼 각 형무소로 보내버렸습니다.

형무소에서 재판은 '군법'과 '민법'으로 나뉘어 진행되었습니다. 비상사태 하 범죄처벌에 관한 특별조치령에 따라 계엄령 당시 토벌 지역에서 잡힌 포로들은 군법에 따르며, 토벌 지역 밖에서 잡힌 포로는 민법에 따라 국가보안법 등 죄명을 씌워 재판놀이를 벌였습니다.

군법 재판에서는 소위 피고인 전쟁 포로들을 두 줄 횡대로 세우고 재판장이 내키는 대로 형량을 선고했습니다.

"앞줄은 사형, 뒷줄은 무기!"

"1번에서 10번까지 사형, 10번에서 20번까지 무기!"

"그럼 피고 10번인 저는 사형입니까, 무기입니까?"

"이 자식아, 너도 사형!"

사람 목숨을 걸고 이런 재판놀이를 하는 곳은 세상 어디에도 없을 것입니다. 전쟁 포로들은 차후 확정 통보만으로 사형장 이슬로 사라졌습니다.

나는 계엄 지역 밖에서 잡힌 포로여서 민법에 따라 민사재판을 받았습니다.

"피고 허찬영은 합천 삼가읍을 침입해 군경 120명을 사살하고 무기와 탄약, 식량 수십 가마, 피복 트럭 2대를 탈취한 사실이 있음. 상기 죄질을 보아 사형에 처한다."

일주일 후 운명을 좌우할 결심 재판이 열렸습니다. 사형을 구형받은 나는 그날부터 죽느냐 사느냐 하는 문제를 놓고 마음고생을 했습니다. 그러나 나는 이날을 '운명을 달리하는 날'이 아니라 '최후 결전을 벌이는 날'로 각오를 다졌습니다.

포로수용소에서 이인모 선생이 전쟁 포로 관련 규정에 대해 귀띔해 것들도 차분히 떠올려봤습니다.

"전쟁 포로는 전쟁이 끝나면 국제포로협약에 따라 교환되는 거야. 송환될 수 있다고. 조사 과정에서는 무조건 부인해. 이때 맞는 매는 값이 있어도 형무소 안에서 맞는 매는 값이 없지. 포로수용소 간판에서 '포로'라는 이름을 빼고 수용소로 바뀐 것도 심상치 않아."

나는 이런 황금 같은 이야기를 해준 이인모 선생이 참으로 고마웠습니다.

결심 공판은 김상봉 부장 판사 외 두 명의 합의제였습니다.

김상봉 부장이 결심 공판 선거를 내렸습니다.

"피고 허찬영을 15년 형에 처한다. 상고권이 있지만 신중히 논한다. 할 말이 있는가?"

나는 곧바로 이의를 제기했습니다.

"첫째, 나는 전쟁 포로이다. 전쟁 포로로서 대우하고 즉사 재판을 중지하라. 둘째, 나는 합천 삼가전투에서 120명을 사살하지 않고 포로로 붙잡아 귀가 조치했다. 이는 조사하면 확인될 것이다. 셋째, 트럭 2대와 전리품 노획은 57사단의 전과를 나에게 씌운 것이다. 57사단 연인원과 통계 숫자를 개인인 내가 한 것처럼 조작한 것이다."

나는 전쟁 포로로 대우하며 당장 재판을 멈출 것을 요구했지만 받아들여지지 않고 징역 15년에 처해졌습니다.

앞서 말한 황당한 군법 재판과 사법 재판에 대해 얘기하면 오늘날 누가 사실로 믿겠습니까? 하지만 이렇게 재판받은 산증인이 생존해 이 자리에 있습니다. 당시 부당하게 판결을 받은 전쟁 포로들은 장기간 감옥살이를 했지만 자신의 판결문 내용을 알고 있는 사람이 없습니다. 그 엉터리 판결문과 재판 기록문이 그대로 국가 문서기록보관소에 보관된 사람이 있는가 하면, 그런 엉터리 판결문조차 없는 사람들이 대부분입니다.

이들 포로들은 당연히 제네바 포로협약 또는 7,27 정전협정 포로에 관한 조치에 따라 교환이 이루어져야 했습니다.

수많은 포로들을 엉터리 재판으로 몰아넣은 조치령법 및 국가보안법, 국방경비법은 1960년 10월 13일 559호 법률로 폐기처분 되었습니다. 이 법이 폐기되면서 위법 피해자들이 구제받을 기회가 생겼으나, 재심 청구 중에 5.16 군사쿠테타로 일어나 무산되고 말았습니다. 당시 재판 피해자들은 구제는커녕 사회안전법과 전향공작 그리고 무기한 옥살이로 2중, 3중의 고통과 탄압을 감수해야 했습니다. 지구상 어디에서도 찾아볼 수 없는 수많은 장기수들을 양산하고 만 것입니다.

사상범 분류 공작

1953년 1월 5일, 나는 광주형무소에서 대전형무소로 이감되었습니다.

대전형무소에서는 형무소 가운데 처음으로 사상범을 상대로 '좌익수 형자 동태 조사'를 실시했습니다.

그들은 동태 조사를 통해 수형수들을 A, B, C 세 등급으로 분류했습니다. A급은 노골적인 공산주의자라 여겨 독방에 수감했습니다. B급와 C

급은 장기수 공장에 출역시켰습니다.

나는 동태 조사 때 정치범, 사상범과는 전혀 관계 없는 인민군 포로라고 주장했습니다. 당시 대전형무소 장기수들은 대부분 6공장인 성냥공장에서 일했습니다. 하지만 나는 4공장인 양재, 양화 공장에 가서 일했습니다.

4공장에 가게 된 까닭을 알아보니 김처체(본명 김태랑) 동지가 배방계 담당을 통해 옮겨 준 것이었습니다.

김처체 동지는 옥천이 고향입니다. 아버지가 양복 제작 기술자로 양복점을 경영할 때 양재기술을 배웠습니다. 해방 후 좌익 활동을 하다 체포되어 서대문형무소에서 복역하다 6.25전쟁과 동시에 석방되었습니다.

그는 고향인 옥천내무서 감찰계장으로 배치되어 일하다 후퇴할 때 서대산으로 입산했습니다. 내가 서대산 아래 보광리에서 약 한 달 동안 치료받고 있을 때 자주 만났습니다. 무기형을 살다 4.19혁명 후에 석방되어 대전에서 양복점을 하다가 1970년 무렵에 행방불명되어 소식이 끊겼습니다.

대전형무소 탈옥 모의 사건

1955년 2월 15일 대전형무소 집단 탈옥 모의 사건이 터졌습니다. 대전 경찰사 형사들이 총동원되어 탈옥 모의 사건을 확대 재생산했습니다. 그때 나는 폐결핵으로 각혈이 심해져 병동으로 옮겨진 후의 일이었습니다.

탈옥 모의 사건의 주동자로 이시영 충남 후방위 사령관과 박양수 여

군당 위원장, 양규철 진양군당 위원장, 박판수 선생 등 많은 동지들이 지목되었습니다.

사건에 연루된 동지들은 3공장과 4공장에서 탈옥에 필요한 무기까지 만들었다 하여 갖은 고문과 10년, 15년 가형을 받고 2개월 징벌을 받았습니다. 나는 병동에서 1개월 징벌을 받았습니다.

2개월 후 주동자들의 징벌이 풀리자 전향서를 들이밀었습니다. 전향서를 쓴 사람은 다시 공장으로, 거부한 사람은 특별사동으로 보내졌습니다.

그런데 또 사건이 터지고 말았습니다. 병사조직책이었던 예산농고 출신 김영호가 대전형무소 신문에 전향서를 발표하면서 교도소 내 좌익수 감자 조직을 폭로한 것입니다. 그 바람에 동지들은 다시 한 번 고문에 시달렸습니다. 그리고 안타깝게도 오랫동안 조직을 굳건히 다져온 내부 생활도 산산조각이 되었습니다.

1956년 여름 무렵이었습니다. 점심을 먹고 공장 대항 배구 연습을 하기 위해 운동장에 나왔는데, 누군가 나를 알아보며 다가왔습니다.

경남 의령 유격대로 활동하다 57사단으로 재편될 때 5연대 2중대 경기관총 사수로 기동투쟁에 참여한 이춘식 동지였습니다. 하지만 나는 쉽게 아는 체를 할 수 없었습니다.

어느 일요일, 교회 시간에 이춘식 동지와 다시 만났습니다. 이춘식 동지는 나를 무척 반기는 눈치였지만 나는 이번에도 전혀 기억이 없다고 말했습니다. 광주포로수용소 시절부터 몸에 밴 신중함 때문이었습니다. 나는 보안과 신변 안전을 위해 옛 동지들을 쉽게 아는 체 할 수 없었습니다.

이춘식 동지는 57사단 기동투쟁 당시 경남 합천 삼가 작전부터 오도산에 도착할 때까지 2박 3일 동안 치른 구사일생 전투에서 작전참모였던 나의 부대 통솔에 감탄해 당시 일들을 아직도 잊지 못한다고 했습니다. 나는 조심스럽게 말을 걸고 싶었지만 주위 감시로 더 이상 이야기를 나누지 못했습니다.

이춘식 동지는 20년 장기수였습니다. 장기수가 꽃 재배 전문인 미화공장에 출역하게 된 것은 누님의 적극적인 구원 노력이 있었기 때문이라고 합니다. 당시 이춘식 동지의 누님은 부산 범일동 야채시장에서 야채 도매상을 해 경제적으로 여유가 있었다고 합니다.

그 후 나는 폐결핵으로 병사동에 입방하게 되었습니다. 이 동지는 약 2년 동안 C파스, 지드, 종합비타민 등을 보내주는 등 결핵 치료에 큰 도움을 주었습니다. 또한 이춘식 동지는 의무과 직원과 간병부를 통해 나를 결핵치료형무소라 불리던 마산형무소로 보내기 위해 백방으로 노력했습니다. 그 결과, 1958년 4월 무렵 나는 마산형무소로 이감하게 되었습니다. 나중에 알게 된 사실이지만 그 당시 대전형무소 탈옥 모의 사건 이후라 다른 형무소로 이감되는 일이 매우 힘든 상황이었다고 합니다.

이춘식 동지는 4.19혁명 이후 석방되었다고 하는데, 지금까지 찾아뵙지 못한 죄책감을 풀 길이 없습니다.

마산형무소 재소자 인권 개선 투쟁

나는 폐결핵이 더욱 악화되어 1958년에 마산형무소로 이감되었습니다. 마산형무소에는 전담 결핵 의사가 있어 '결핵형무소'라 불릴 만큼 결핵 환자들이 모였습니다. 나는 그곳에서 치료를 받던 중 1960년 4.19혁명이 일어났습니다.

4.19혁명 이후 형무소 분위기는 180도 변했습니다. 부산변호사협회에서는 자진해서 재심을 맡아준다고 했습니다. 곧 소내는 기대감으로 술렁거렸고, 만감이 교차하며 많은 이야기들이 오고갔습니다. 또 흥분되기도 했습니다.

나는 이럴 때일수록 이성을 찾아 차분하게 앞으로 해야 할 일들을 준비해야 한다고 생각해 동지들에게 당부했습니다.

"현실 변화에 차분히 대응합시다. 경솔한 행동은 금물입니다."

당시 마산형무소는 형정국 산하 결핵치료소로 지정되어 결핵 환자들이 많이 몰려들었지만, 주로 해군 범죄자들을 수감하는 곳이었습니다. 그래서 교도대와 경비 보조원, 간병부 등이 모두 해군 소속이었습니다.

4.19혁명 후 7, 8월쯤으로 기억됩니다. 마산형무소에는 두 종류의 사방이 있었습니다. 한 곳은 4~5명씩, 다른 한 곳은 야전침대에 60여 명씩 한 방을 썼습니다.

4.19혁명 이후라 소내 분위기는 대체로 좋았습니다. 당시 소내에는 해군 대위 출신인 부반장이 의무과장과 모의해 약품과 식량자재 등을 횡령하는 비리를 일삼다 저희들끼리 이익 다툼을 하느라 싸움이 벌어졌습니다.

간병부 반장은 환자들을 동원해 의무과장을 축출하는 계획을 세웠습니다. 그러더니 나를 찾아와 이런 제의를 했습니다.
"의무과장 비리를 낱낱이 알려줄 테니 단식투쟁을 벌이면 어떻겠습니까?"
"단식투쟁을 하려면 확실한 근거가 있어야 하지 않습니까?"
"근거라면 이미 마련했지요."
간병부 거래 장부와 관련된 사항이 자세한 적힌 비리 내용 기록이 있다고 했습니다.
"그 자료를 우리에게 줄 수 있습니까?"
"우리 삶을 위한 싸움이니 당연히 줄 수 있습니다."
그러면서 나에게 자료를 넘겨주었습니다. 자료를 살펴보니 횡령 내용이 수치로 자세히 기록되어 있었습니다. 나는 소내 다른 환자들과 함께 돌려보게 했습니다.
자료를 받은 3일 후 대전형무소 재소자들은 소내 비리 진상 조사와 재소자 인권 개선 요구를 하며 아침부터 단식을 시작했습니다. 좌익수 대부분은 사방에 있었고 가사방에는 사분의 일 정도 아침식사를 받았지만 단 한 사람도 빠짐없이 단식에 동참했습니다. 미결수 외에는 재소자 전원이 동참했습니다. 생각보다 호응이 매우 컸습니다. 그만큼 열악한 형무소 환경과 인권 탄압에 대한 분노가 컸기 때문입니다.
우리는 두 가지 요구 사항을 내걸고 투쟁했습니다. 하나는 의무과장 면담이었고, 다른 하나는 환자에게 제공하는 약품 그리고 주식과 부식을 차질 없이 분배해 줄 것을 요구했습니다. 그리고 요구가 관철될 때까지 단식을 계속하기로 결의했습니다.

　재소자들의 단식 상황을 보고받은 의무과장은 단식을 주도한 나와 환자들의 사상문제를 거론하며 정치문제로 비화했습니다. 그러자 환자들이 저마다 손을 들고 항의 발언을 했습니다. 여기저기서 의무과장의 부정행위가 낱낱이 쏟아져 나왔습니다. 환자들 기세가 심상치 않자 의무과장은 사라졌습니다.

　당시 의무과장은 자유당 마산시당 선전부장을 겸하고 있어 형무소장과 계호과장 같은 간부들도 모두 과장의 세도에 불만이 쌓여있었습니다. 마침 의무과장을 축출하는 데 좋은 기회였기에 문제 해결이 빨라 단식투쟁은 하루 만에 끝났습니다.

　의무과장 비리 진상조사와 재소자 인권 개선을 내건 단식투쟁 결과 의무과장은 축출되고 소장도 소환되었으며, 일시적이나마 환자들을 비롯한 재소자들의 처우가 개선되었습니다. 나는 단식투쟁을 주도한 벌로 독방 신세가 되었습니다.

　그 후 1961년 5.16 군사쿠데타로 인해 비전향자는 치료받을 수 없다고 하여 대전형무소로 다시 이감되었습니다. 나는 대전형무소 제2병사 장기수 병사에 수감되었는데, 제2병사는 감방이 둘 밖에 없어 작은 방에 박만식 동지와 함께 지냈습니다.

출옥

　1965년 5월 31일 나는 대전교도소에서 만기 출옥했습니다.

속담에 '구사일생'이라는 말이 있습니다. 살면서 온갖 고생을 하고 가장 활기찬 이삼십대 청춘을 감옥에 묶인 채 빼앗겼지만 나는 감옥 안에서 진짜 인생을 배웠습니다. 물론 많은 선배 동지들로부터였지요.

"
눈 내리는 얼음판에 폭탄을 깨고 뚜벅뚜벅 걸어가는 우리 동무들
에~혀 우리는 조선에 아들
서로서로 배워주고 서로서로 책임지고 얼씨구 좋다 우리 동무들
나는야 이런 사랑 못 받아봤다
부모보다 더 좋은 우리 조직에 내 한 몸 바쳐서 조국을 위해
끝까지 싸우리라 맹세할 때에 뚜벅뚜벅 걸어가는 우리 동무들
"

인민군 생활을 하며 즐겨 부르던 이 노래와 함께 조국이 통일되는 그날까지 변치 말자는 굳은 약속을 남기고 옥문을 나서며 동지들에게 마음을 담은 부탁을 했습니다.

"
치병에 열중하자, 말조심하자
사회정세는 시시각각 유동적이다
흔들림 없이 지혜롭게 대처하자
"

옥문을 나왔지만 누구 한 사람 반겨주는 이 없었습니다. 해진 옷과 다 떨어진 검은 고무신을 질질 끌고 걸어나가는데, 누군가 나를 향해 다가왔습니다. 대전경찰서 정보과 계장인 담임 형사와 계호과에서 나온 사람이었습니다.

정보과 형사가 내 서류를 보며 물었습니다.

"그동안 고생 많이 했다. 이 서류 내용이 사실인가?"

"왜죠?"

나는 반문했습니다.

"수감될 때 나이가 23살에다 소학교도 나오지 못한 사람이 어떻게 연대 작전참모를 할 수 있었지? 혹시 잘못된 조사 아냐?"

"그게 다 이승만 권력의 조작극 아닙니까?"

"그럼 전향을 하지 그랬나?"

"난 공화국 헌법에 따라 국토를 보호하는 임무를 수행하다 붙잡힌 전쟁 포로입니다. 전쟁 포로를 사상범이니 정치범이니 하며 전향을 강요하는 건 제네바협약을 위반하는 일이에요. 전향서는 전쟁 포로와 전혀 상관없습니다."

"허! 그건 당신이 후방에서 빨치산 노릇을 했기 때문이지."

"그것도 잘 모르고 하는 말이죠. 전시에는 쌍방 간에 전후방 관계없이 전투 행위에 대해 국내법을 적용할 수 없으며, 종전 60일 이내에 각자 본국으로 송환한다고 제네바협약에 나와 있습니다. 그러니까 미국과 이승만 정권이 이 협약을 위반한 거예요. 1953년 7월 27일 휴전협정 포로협약을 다시 한 번 보시죠!"

정보과 형사는 내 서류를 대충 훑어보더니 옆 사람에게 툭 던지듯 말했습니다.

"이 사람 갱생회로 보내."

나는 이미 대전경찰서 앞마당에서 대기 중인 차를 타고 갱생회로 갔습니다. 마침 여자들을 수용하는 방이 비어서 그곳에 머물게 되었습니다. 나는 결핵 환자라 격리 수용되었습니다.

다음 날 신우균 갱생회 지부장의 지시에 따라 보호과장과 함께 보건소로 가서 필요한 검사를 받았습니다. 결핵 치료도 받고 약도 처방받았습니다.

갱생회에서는 대개 2~3개월 정도 머물며 사회생활을 준비하다 나가는데, 나는 결핵을 치료하느라 거의 9개월 동안 머물렀습니다.

나는 대전형무소 탈옥 모의 사건 바로 직전에 폐결핵이 발병해 병사에 옮겨졌습니다. 결핵환자치료소가 있는 마산형무소로 이감했지만 5.16 군사쿠데타 이후 비전향 장기수들은 치료받을 수 없다 하여 다시 돌아와 4년 동안 내내 제2병사 생활을 했습니다. 만기가 되어 자유의 몸이 되었어도 사정은 나아지지 않았습니다.

나는 병세가 지속되어 일 년에 한두 차례씩 주기적으로 각혈했습니다. 한번 각혈할 때마다 일주일 동안 계속 피를 토했습니다.

5부. 또 다른 조국

노점상을 하며 새로운 사회에 적응하려 노력하다

1966년 3월 무렵 나는 결핵 치료를 어느 정도 마치고 갱생회를 나왔습니다. 그리고 사회에 나와 처음 시작한 일이 노점상이었습니다.

나는 대전시 선화동 원호청 담 밑에서 빵을 팔았습니다. 그런데 여름에는 빵이 팔리지 않아 밥 한 끼 먹기도 힘들었습니다. 할 수 없이 빵 대신 냉차를 팔기로 하고 대전시 은행동 시민회관(지금의 동양백화점) 근처 건널목 한곁에 노점을 새로 꾸몄습니다.

지금도 여전하지만 그때 노점상 단속은 아주 극심했습니다. 하루에도 몇 번씩 단속반에 쫓기고, 싸우고, 떼를 쓰느라 아수라장이었습니다. 양심은 간 데 없고 죽기 아니면 살기라는 심정으로 단속반과 맞섰습니다. 생존이 걸린 싸움이었기 때문입니다.

나는 몸을 뉘일 방 한 칸조차 없어 배기호 동지의 방에서 잠시 신세를 졌습니다.

배기호 동지는 황해도 장연 출신으로, 6.25전쟁 때 내무서 소속으로 남쪽에 파견되었습니다. 산에서 붙잡혀 광주 포로수용소에서 포로 생활을 하다가 광주법원에서 20년 형을 선고받았습니다. 14년 동안 옥고를 치르고 출감한 뒤 갱생회에서 나와 만났습니다

갱생회를 나온 배기호 동지는 선화동 대전여자상업고등학교 옆에 있던 벽돌제조공장에 취직했습니다. 배기호 동지와 대전형무소에서 같이 지낸 이정섭 씨의 도움을 받은 것입니다. 그나마 나보다 조금 나은 형편이기에 방을 나누어 쓸 수 있었습니다.

전쟁 포로로 붙잡혀 오랫동안 장기수로 복역하다 풀려난 동지들은 대

부분 나처럼 하루하루 어렵게 살아갔습니다.

판잣집 방 한 칸으로 시작한 결혼생활

냉차를 팔던 대전시 은행동 일대에는 주로 상점들을 대상으로 광주리에 과일을 담아 파는 행상들이 많았습니다.

유난히 무더위가 기승을 부리던 어느 여름날이었습니다. 한낮에 과일 노상을 하던 아가씨가 더위에 지쳤는지 냉차 한 잔을 달라고 했습니다. 그 모습이 안쓰럽고 가여웠습니다.

"젊은 아가씨가 웬 고생이야. 부모형제가 없어?"

"고아예요."

"저런, 지금 몇 살인데?"

"24살이에요."

"결혼은 했어?"

"저 같은 고아를 누가 데려가요?"

"그럼 내가 데려갈까?"

"네? 아저씨가 몇 살인데 아직 결혼을 안 해요. 농담하지 마세요."

"농담 아니야. 사실인지 아닌지 내 사는 집에 가보면 알지."

아가씨는 이름이 부자라고 했습니다. 이름 그대로 마음이 넉넉한 부자 아가씨였습니다. 우리는 그 후 같은 장소에서 장사를 하며 자주 만났습니다.

그렇게 정이 들 무렵 부자씨는 함께 사는 이모가 나를 보고 싶어한다

며 저녁 약속을 잡자고 했습니다. 부자씨 이모가 나를 어찌 아는지 궁금했습니다. 알고 보니 부자씨가 내 이야기를 종종 이모에게 했는데, 이모는 부자씨가 나를 마음에 두고 걸 알아채고 먼발치에서 두 시간 동안 살피고 갔더랍니다.

나는 장사를 마치고 저녁 8시쯤 부자씨 집에서 이모를 만났습니다. 이모는 사실 집주인으로 부자씨와는 남남이었는데 친이모처럼 잘 돌봐주신다고 했습니다.

이모는 첫 인상이 좋은 분이었습니다. 내게 자리를 권하고는 부자씨에게 저녁 밥상을 차리라고 일렀습니다.

나는 쭈볏거리며 이모와 마주 앉았습니다. 이모는 저녁 한끼 하려고 불렀다며 편하게 생각하라고 했습니다. 하지만 이어지는 말들은 마냥 편하게 들을 수 없는 이야기들이었습니다.

이모는 부자씨가 거리에서 고생하는 모습이 딱해 같이 살게 되었다고 합니다. 벌써 2년이 흘러 정도 정이 많이 들었다고 했습니다. 하지만 언제까지 데리고 살 수 없는 노릇이라 마음 맞는 사람이 생기면 짝을 지어 내보낼 참이라고 했습니다.

이모는 부자씨에게서 은행동에서 냉차 파는 사람이 있다기에 한번 살펴봤다고 했습니다. 멀리서 장사하는 걸 보니 성실한 사람 같아 마음이 들었답니다. 부자씨가 마음 착하고 살림도 잘하니 함께 살면 어떻겠냐고 조심스럽게 물었습니다.

나는 갑작스런 결혼 이야기에 생각이 많아졌습니다.

그날 밤 집에 돌아와 깊은 고민에 빠졌습니다. 부자씨는 성실하고 마음씨 고운 사람이니 결혼을 한다면 반가울 일입니다. 게다가 가정을 꾸리면 보안관찰이 조금이나마 느슨해지지 않을까 하는 기대도 있습니다.

그렇다고 결혼을 쉽게 결정할 수 없는 이유가 바로 건강 문제와 돈 문제 때문입니다. 다행히 갱생회를 나오고부터는 한 번도 각혈을 하지 않았습니다. 하지만 여전히 건강은 좋지 않았습니다. 노점으로 하루하루 벌어 사는 형편이라 결혼생활을 꿈꾸지도 못했습니다.

나는 밤새 뒤척이다 이튿날 부자씨를 만나 솔직하게 털어놓았습니다.

"방은 월세로 얻으면 3,000원, 전세로 얻으면 3만 원 정도이니 구할 수 있겠어. 살림살이라고는 아무것도 없고 예식도 못해. 살아가면서 형편 나아지면 하나씩 하면 되지. 맞벌이해야 하니 고생을 각오해야 할 거야."

"방만 준비되면 살림살이는 간단히 준비할 수 있어요. 얼마 있으면 곗돈 3만 원을 타요. 부족한 건 차차 살면서 마련하면 돼요."

다행히 부자씨는 내 건강 문제도 신경 쓰지 않았습니다. 우리는 바로 살림 준비에 들어갔습니다.

일단 시작해 보면 어찌되겠지 하는 막연한 심정이었습니다. 1967년 대전시 중구 목동에 판잣집 방 한 칸을 겨우 전세로 얻어 살림을 차렸습니다. 우리 두 사람은 여름과 겨울, 계절에 따라 장사 품목을 바꾸어가며 부지런히 장사를 했습니다. 두 식구 굶어죽지 않으려면 아프고 힘든 것도 다 잊어야 했습니다. 그만큼 하루하루 절박한 심정으로 살아갔습니다.

그러다 첫 아이를 단칸 살림방에서 낳았습니다. 내가 산파 노릇을 해야 하니 난처하기 짝이 없었습니다. 다행히 집주인인 70세 할머니가 도와주셨습니다. 다행히 산모와 아기 모두 별 탈없이 건강해 다행이었습니다.

▲ 노점상으로 만난 선생 부부는 통일조국의 당 앞에서 치르겠다며 정식 결혼식을 올리지 않고 살아오다가 동네 주민들이 장남의 결혼식 전날 과일상을 놓고 약식 결혼식을 치러주었다. (1993. 10.)

계속되는 감시와 이사

첫아이를 낳고, 둘째를 낳고 더 열심히 살아보자 애썼지만 삶은 그렇게 녹록지 않았습니다.

처음 살림을 차린 대전시 중구 목동에서 선화동으로, 중촌동으로 무려 열세 번이나 이사했습니다.

"인민군 출신이니 나가라!"

"형사들이 자주 찾아와 불안하니 방을 비우시오."

"빨갱이는 눈에 흙이 들어가기 전에는 세 못 준다!"

집주인들은 이런저런 이유를 대며 방을 비워달라고 했습니다. 그도 그럴 것이 경찰서 사찰계 형사, 보안사 경찰국 형사들이 시시때때로 번갈아 찾아오니 불안할 수밖에 없었을 것입니다.

말이 자유의 몸이지 감옥이 따로 없었습니다. 계속된 보안관찰 감시와 이웃들의 차가운 냉대에 차라리 감옥 안이 낫겠다 싶었습니다.

그럴 때마다 아내와 어린 자식들이 무척 고생했습니다. 힘들다 말 한마디 없이 묵묵히 견디는 가족들에게 미안할 따름입니다.

계속된 감시와 이웃의 편견과 냉대로 이사를 다니는 것도 어느 정도 이골이 났는데, 사회안전법 보안관찰제가 폐지되면서 더 이상 이사하라는 말을 듣지 않게 되었습니다.

지프차 납치 사건

어느 정도 생활이 안정되어 갈 무렵, 지프차 납치 사건이 벌어졌습니다.

인민군 전쟁 포로로 수감되었다가 10~20년 형을 치르고 1970년을 전후로 만기 출옥한 동지들을 백주에 지프차로 납치하는 일들이 연달아 일어났습니다. 다들 출옥 후 갱생회를 거쳐 사회생활에 적응하기 위해 열중하던 사람들이었습니다.

좋지 않은 소식에 마음이 뒤숭숭한데 목동파출소 소사가 파출소에서 누가 잠깐 보자고 한다며 말을 전했습니다. 그때 나는 임대한 가게에서 호떡과 빵을 팔고 있었습니다. 가게는 목동파출소와 도로 사이에 있었습니다. 갱생회와는 20~30m 거리였습니다.

나는 누가 나를 찾는지 물었습니다. 그러자 가보면 안다며 재촉했습니다.

속으로 내 차례구나 싶어 잔뜩 긴장한 채 세 살 먹은 아들을 안고 소사를 따라갔습니다. 경찰서 안마당에 들어서니 지프차가 보였습니다. 옆에 있던 남자가 내게 물었습니다.

"허찬형 선생이시죠?"
"네."
"애기는 왜 안고 오셨습니까?"
"애엄마 장사하는 데 방해가 되어 안고 왔습니다."
"아기를 집에 데려다 놓고 오시겠습니까?"
"왜요?"
"잠깐 상의할 일이 있어서요."
"무슨 일인지 저희 집으로 갑시다."

무슨 꿍꿍이인지 그들은 다음에 다시 오겠다며 차를 몰고 마당을 나갔습니다. 나는 지프차의 번호판을 확인하려 했지만 싹 가려놓아 알 수 없었습니다.

이튿날 집 앞에 지프차가 다시 나타났습니다. 어제 봤던 남자와 기사 그리고 배기호 동지가 차 안에 있었습니다.

두 기관원은 다짜고짜 나를 차에 빨리 타라고 끌었습니다.
"이거 왜 이러십니까?"
"가보면 알아요. 허 선생과 배기호 선생 두 분이 같이 상의할 일이 있어서 그럽니다."

나는 말도 안 되는 핑계에 온몸으로 버티며 배기호 동지에게 소리쳤습니다.

"당신, 나하고 무슨 상의할 일 있어? 있으면 여기서 말해!"

나는 일부러 다른 사람들도 들으라고 더 큰소리를 외쳤습니다. 길 가던 사람들이 웅성웅성 쳐다봤습니다. 기관원들은 안되겠다 싶은지 차를 몰고 사라졌습니다.

그날 이후 배기호 동지도 사라져 깜깜무소식입니다. 나는 그 자리를 피한 덕에 다행히 지금까지 살아있습니다.

지프차 납치 사건을 다시 정리하자면, 노점상이나 행상 같은 일일노동을 하던 동지들을 옥살이를 했다는 약점으로 백주에 강제 납치한 사건입니다. 피해자 가족들은 충격과 공포에서 벗어나지 못하고, 당국에 이렇다 말 한마디 못하고 있는 실정입니다. 이 사건의 진상은 반드시 규명되어야 하며, 동시에 피해자 가족에게 국가가 배상과 보상을 해야 합니다.

〈지프차 납치 사건 피해자〉

- 노병술: 황해도 중화인민군 출신
  딸, 아들 형제가 인천과 서울 거주
- 이인숙: 함남 함흥 출신
  행정부 계통으로 6.25 당시 파견
- 현종엽: 평남 중화인민군으로 참전
- 배기호: 황해도 장연 내무성 계통으로 남파
  아들 배중진 대전 거주

- 정몽구: 납치 미수. 자부 손자 손녀 대전에 거주
- 차병규: 평북 구성, 인민군 출신
  현재 내외와 아들, 딸 대전 거주

박춘미 백일 사건

내가 일하는 가게가 갱생회와 가깝다 보니 자연스럽게 많은 동지들이 우리집을 거처 갑니다. 내가 갱생회를 거쳐 가정을 꾸리고 사회생활에 적응하는 모습을 보면서 조언을 얻으려는 것뿐인데, 정보원들은 의심을 거두지 못하고 감시가 더욱 심했습니다.

결국 나는 보안사 정보요원들이 조작한 사건에 걸려들고 말았습니다. 1970년 7월 박상일 동지의 딸 박춘미가 백일을 맞아 잔치하는 날이었습니다. 박상일 동지는 경북 봉화 출신으로 전쟁 전에 가족들이 모두 살해되었습니다. 6.25전쟁과 동시에 경북도당에 소환되어 금강학원을 나온 뒤 1954년 고향에서 공작임무를 수행하기 위해 38선을 넘다 체포되었습니다. 15년 비전향 장기수로 옥살이를 하다 만기 출옥해 대전 목동에서 살고 있었습니다.

그날 우리는 박상일 동지의 딸 백일잔치에 둘러앉아 밥을 먹고 있었습니다. 초대된 사람들 중에는 여러 동지들뿐만 박상일 동지와 노동일을 함께 다니는 사람들도 있었습니다.

음식을 나누고 술이 오가다 보니 긴장이 풀어져 주위 경계마저 풀어진 것입니다.

누군가 이런 질문을 했습니다.

"인민군에는 기합이 없다는데 사실이에요?"

"인민군 생활하면서 기합이란 말조차 들어본 적어요."

"6.25전쟁 때 북에서 세균전을 썼다면서요?"

의도된 질문이 자꾸 나오는데도 다들 눈치채지 못했습니다. 박상일 동지도 마찬가지여서 이렇게 대답하고 말았습니다.

"세균전은 미군이 쓴 거지!"

알고 보니 박상일 동지와 함께 노동일을 하는 동료들의 진짜 정체가 비밀정보원이었습니다. 짜여진 각본대로 대화 분위기를 몰아 그들이 원하는 대로 불순한 의도를 가진 양 백일잔치 모임을 변질시킨 것입니다.

어이없는 사건 조작으로 박춘미 백일잔치에 참석한 동지들은 모두 잡혀갔습니다.

사건 자체가 보안사가 꾸민 조작이었기에 검찰에서 조사를 해도 별 내용이 없었습니다. 그러자 이번에는 비전향 문제를 문제삼았습니다.

충남기업사로 위장한 대전보안사 지하실에서 보안사 요원이 2박 3일 동안 우리를 압박하며 조서를 꾸몄습니다.

1970년 8월 말 나는 재수감되었습니다. 대전교도소 특별사동 김선명 선생의 옆방에 박상일 동지가, 다음 방에 내가 갇혔습니다.

나는 청각장애가 있어 통방이 쉽지 않았지만, 박상일 동지는 옆방 김선명 선생과 통방하며 비전향 장기수 선생들의 소식을 들을 수 있었습니다.

그 후 20여 년이 지나 김선명 선생이 석방된 후 대전에 왔다가 내 소식이 궁금하다며 찾아와 반갑게 저녁식사를 한 적도 있습니다.

어이없이 이어진 재수감

내가 수감되자 아내는 어떻게든 나를 구하려고 이리저리 뛰어다녔습니다. 마침 예전에 같이 한집에서 셋방살이하며 가깝게 지내던 분이 대전지방법원 김영환 민사계장의 어머니였습니다. 아내는 그분을 찾아가 도와달라며 하소연했습니다.

김계장 어머니는 한 집에서 셋방살이할 때 우리 가족을 한 식구처럼 대해준 분입니다. 나도 그분을 친어머니처럼 깍듯이 모셨습니다. 이런 인연으로 김계장 어머니는 우리 사정이 딱해 보였는지 아들에게 신경 써서 빨리 나오게 해보라며 재촉했습니다.

"성만이 아빠가 무슨 죄가 있다고 잡아갔대니?"
"빨갱이래요."
"성만이 아빠는 법 없이도 산다. 그 사람이 빨갱이라면 이 세상에 빨갱이 아닐 사람 하나도 없어. 빨리 나오게 어떻게든 신경 써봐."

김영환 민사계장은 박병배 변호사를 아내에게 소개했습니다.

어느 날, 누가 면회를 왔다기에 나가 보니 한 신사가 나를 맞이했습니다.

"박병배 변호사입니다. 김영환 계장에게서 사건 의뢰를 받고 왔습니다. 살펴보니 사건 자체는 문제될 게 없는데, 전에 나오실 때에 전향하지 않으신 게 문제네요."

나는 억울해서 화가 치밀었지만 나를 돕기 위해 찾아온 변호사에게 차분하게 내 입장을 전했습니다.

"나는 인민군 전쟁 포로입니다. 정치범이나 사상범하고는 달라서 전향 문제는 해당되지 않아요. 전쟁 포로는 원래 종전과 동시에 60일 이내에 조건 없이 송환하는 게 제네바협약의 원칙입니다. 빨치산 활동을 문제삼는 것도 제네바협약 위반이고요. 군속 민병대도 전시 행동 중에는 똑같이 전쟁 포로로 취급해야 합니다. 군인 전쟁 포로를 사형이나 장기형으로 사법처리하는 것도 국제법 위반이며 전범 행위예요. 그러니까 나한테는 전향 자체를 논할 필요가 없어요. 난 포로가 된 그날부터 지금까지 송환을 주장해 왔어요. 앞으로도 이 주장에는 변함이 없습니다.

출옥한 뒤 4~5년 동안 이 사회에서 위법행위를 한 번도 한 적 없어요. 양심에 어긋나는 일은 한 번도 없었다고 자신 있게 말합니다. 이번 사건 역시 보안사에서 한 건 올리려고 꾸며낸 사건이에요. 저들은 북조선을 고무 찬양했다고 주장하는데, 질문에 사실대로 대답한 것뿐입니다. 그것이 고무 찬양인지 법정에서 묻고 싶네요. 저는 어이가 없어 기가 막힐 뿐입니다. 저는 앞으로 이 사회에 다시 나가도 대중의 공공질서를 해치거나 양심에 위배되는 행위는 하지 않고 이웃과 서로 화목하고 협력하는 자세로 살 겁니다."

나는 법정에서도 변호사에게 했던 말을 똑같이 주장했습니다. 그러자 방청석에서 박수가 나왔습니다. 나는 9개월 형을 받았고, 2심 합의에서 집행유예가 되었습니다.

동지들과 함께라면

전승길 동지는 6.25전쟁 당시 전북 금산군당 부위원장으로 파견되었습니다. 15년 형을 받고 대전교도소에서 복역하다 만기 출옥해 대전 현암동에서 양계사업을 했습니다.

그러다 사정이 나빠졌는지 자금이 부족하다며 3만 원을 빌려달라고 했습니다. 당시 나는 2개에 1원 하는 풀빵 장사를 할 때였습니다. 쌀 1가마니가 2500원이고, 우리집 전세가 1만 원이었으니 3만 원은 내게 큰 재산이었습니다.

하지만 내 형편을 알고도 그 큰 돈을 부탁하는 걸 보니 급한 사정인 듯해 이리저리 긁어모았습니다. 결국 아내 금반지까지 팔아 3만 원을 채워 빌려주었습니다. 그 후 전승길 동지는 행방불명되었습니다. 그때가 1968년쯤이었습니다.

이런 일 말고도 나를 찾아오는 동지들이 많습니다. 가장 큰 문제는 생활 문제를 어떻게 해결해야 할지 경험담을 듣기 위해서입니다.

갱생회에서 찾아오는 동지들 대부분 정착하는 데 어려움을 겪고 있었습니다. 오랫동안 사회와 단절되어 살았고, 출옥해 사회에 나와도 의지할 가족이나 친구가 없어 도움을 받지 못하기 때문입니다. 더군다나 건강이 좋지 않을 땐 의지도 약해져 절망하고 맙니다.

그러니 폐결핵환자로 대전형무소과 마산형무소를 오고가며 죽다 살아난 내가 어떻게 이 정도나마 살게 되었는지 궁금할 수밖에요. 동지들은 하나같이 힘겨운 신세를 하루빨리 면하고 안정된 사회생활을 하고 싶어했습니다.

이렇게 동지들이 자주 찾아오니 아내가 참다 못해 한마디 하기도 합니다.

"경찰들이 하루가 멀다 찾아와 감시하는 바람에 우리 먹고살기도 힘든데 친구들 돌볼 여유가 어디 있냐고요?"

"난 동지들 떠나서는 못사는 사람이야. 감옥에서 몇 번이나 죽을 뻔한 목숨을 동지들 덕에 건진 거라고! 동지들은 내 생명의 은인이야. 죽는 날까지 갚아도 그 은혜를 다 갚지 못할 거요."

내가 이쯤 이야기하면 아내는 할 말이 없어집니다.

"알았어요. 그래도 우리집이 모스크바라고 소문난 거 당신도 알죠?"

"허허! 우리집이 모스크바든 크렘린이든 뭐가 대수라고."

동지들 뒷바라지가 지나치다 싶을 때면 종종 다투게 되지만 늘 마무리는 아내의 양보로 끝납니다.

나는 동지들 뒷바라지에 살림을 늘려갈 수 없는 형편임에도 아내는 묵묵히 자기 일을 하면서 알뜰히 돈을 모아 전세가 30만 원이나 하는 가게를 얻었습니다.

이렇게 든든한 아내와 다섯 살바기 아들, 세 살바기 딸까지 네 식구가 빵 장사로 근근이 살아갔습니다.

한번은 금재성 선생이 찾아왔습니다.

"허동지, 남쪽에서 정착하기 정말 어렵네요. 무슨 일을 하면서 생활을 타개할지 막막합니다. 무슨 방법 없겠습니까?"

"갱생회에 며칠 계시죠. 생각해 보겠습니다."

뾰족한 수가 없기는 나도 마찬가지였습니다. 하지만 일부러 찾아온 동지를 실망시킬 수 없었습니다.

고민 끝에 이웃집 박씨가 생각났습니다. 가끔 술 한 잔씩 나누는 사이였습니다. 박씨는 하는 일이 좀 특수했습니다. 사용한 X선 필름 현상액에서 은을 추출하는 일이었습니다.

나는 생각난 김에 박씨를 다방에 불러 조심스럽게 부탁했습니다.

"저와 감옥에서 같이 고생하던 사람이 며칠 전에 나왔는데, 저처럼 북이 고향이라 보호자가 없어요. 당장 생계를 해결하지도 못하고요. 박씨 기술을 좀 가르쳐줄 수 없을까요? 물론 박씨 밥그릇을 나눠달라는 건 아닙니다. 대전에선 절대 영업하지 않도록 책임지겠습니다."

박씨는 한참 고민하더니 조심스레 입을 열었습니다.

"별 문제 없을 거라 말씀하시지만, 그래도 이쪽 일이라는 게 남한테 일 가르쳐 주면서 하지 않아요. 그래도 허 선생 부탁하니 한번 해봅시다."

나는 박씨 손을 꽉 잡고 고맙다는 말을 되풀이했습니다. 말로 다할 수 없는 고마운 마음에 박씨에게 3만 원을 건넸습니다.

"정말 고맙습니다. 다 죽어가는 친구를 살려주신 거나 다름없어요. 이건 고마운 마음에 대한 표시이니 오해하지 마시고 받으세요."

박씨는 당황해서 손사래를 쳤습니다.

"이러시면 안 됩니다, 선생님. 이 돈이 얼마나 귀한 돈인데. 돈 받고자 승락한 일이 아니니 넣어두세요."

"이건 그저 박 선생의 배려에 대한 고마움으로 전하는 거예요."

그 후 금재성 선생은 박씨에게서 4~5일 동안 기술 교육을 받고 시장판로 개척까지 했다고 전해들었습니다. 연수하면서 실습해 보니 자신있다고도 했습니다.

나는 금재성 선생에게 자금으로 쓰라며 5만 원을 마련해 주었습니다. 서울로 올라간 금재성 선생은 그 후 구파발에서 가정을 꾸리고 계획한 대로 사업을 시작했습니다. 6개월 뒤에는 사업이 잘 된다는 소식도 알려왔습니다.

그런데 마지막 소식을 전해들은 지 1년이 지나도록 새 소식이 없어 궁금했습니다. 나는 서울에 사는 동서에게 금재성 댁 주소를 알려주며 무슨 일이 생긴 건 아닌지 한번 가보라고 부탁했습니다.

아니라 다를까, 걱정한 대로 금재성 선생에게 일이 생겼습니다. 금재성 선생은 사회안전법이라는 괴물에 잡혀 수감된 후였습니다. 나는 그 소식을 듣자마자 화를 참을 수 없었습니다. 우리는 사회에 아무런 해를 끼치지도 않는데 외세 앞잡이 독재정권은 왜 우리를 송환하지도 않고 괴롭히는 걸까 분노가 치밀었습니다.

그렇게 금재성 선생을 못 보다가 20년이 지나 다시 만나게 되었습니다. 모진 고문과 전향공작에도 꿋꿋이 살아난 분입니다. 하지만 다시 만났을 때는 나를 알아보지 못할 만큼 병세가 악화되어 서울 병원에서 치료받다 세상을 마감하셨습니다.

아내 체면을 살려준 동지

김영태 동지는 갱생회에 있을 때부터 우리집을 몇 차례 왔다갔다 했습니다. 어느 날 김영태 동지가 찾아와 충북 괴산에서 가정을 꾸리고 목

수 일을 하면서 초가집 한 채를 샀는데 잔금 10만 원이 부족하다며 도움을 청했습니다.

그 큰돈을 나 혼자 마련할 수 없어 박상일 동지에게 부탁해 5만 원씩, 10만 원을 마련해 빌려주었습니다.

그 후 아무런 소식이 없어 박상일 동지가 괴산으로 김영태 동지를 찾아갔습니다. 알고 보니 김영태 동지는 4개월 전쯤 재수감되었다고 합니다. 집에는 김영태 동지의 아내가 일주일 전에 아들을 낳고 제대로 산후조리조차 못하고 있었습니다. 이웃들이 도움은커녕 빨갱이 자식이라고 손가락질한다는 것입니다.

박상일 동지는 여윳돈을 준비하지 못해 라면 한 상자와 미역 몇 줄기만 사놓고 몸조리 잘하라는 인사만 남기고 돌아왔다고 합니다.

김영태 동지는 몇 년 동안 옥살이를 하며 침술을 배웠다고 합니다. 석방된 후에는 광주 빛고을탕제원에서 일했습니다. 서울과 대전에서 몇 번 만났지만 나는 돈 이야기는 한 번도 꺼내지 않았습니다.

그러다 김영태 동지가 북으로 송환된다는 소식을 들었습니다. 1993년 이인모 선생의 송환 이후 전쟁 포로로 잡혀 비전향 장기수로 복역한 동지들의 송환 운동이 인권단체 등에서 꾸준히 펼쳐졌습니다. 김영태 동지는 북에 있는 아들이 눈물로 송환을 호소하기도 했습니다. 2000년 9월 2일 송환을 희망하는 63명 가운데 김영태 동지도 명단에 올랐습니다.

송환을 20여 일 앞두고 김영태 동지가 전화를 했습니다.

"아시다시피 송환 날짜가 며칠 남지 않아 제가 시간을 없습니다. 형님하고 김원남 형님하고 함께 광주에 왔다 가시지요."

나는 이튿날 김원남 동지와 함께 광주에 내려갔습니다. 김영태 동지는 송환 축하를 받기도 전에 준비한 봉투부터 내밀었습니다.

"이 돈 때문에 형님 가정에 불화가 있던 걸로 압니다. 벌써 해결했어야 하는데 지금에서야 말씀드리니 죄송해요. 제가 빌린 10만 원이 그때로 치면 쌀값 다섯 가마 값이죠. 지금 쌀 다섯 가마 값이 70만 원이니 이렇게 계산해 드립니다. 형님, 저만 돌아가서 미안해요. 그동안 감사했습니다."

"아니, 송환되는 동지에게 우리가 축하 선물을 줘야 하는데……."

나는 그 돈을 받을 수 없다고 거부했습니다.

하지만 김영태 동지는 마음의 빚까지 정리하고 싶은 듯했습니다.

"돈 빌릴 때 형님과 박상일 동지가 반반씩 해준 줄 알고 있어요. 박동지는 간암으로 세상을 떠났지만 대신 가족들에게 전해주셨으면 해요. 딸 둘은 시집갔다 하고, 박동지 부인과 아들이 대전 목동에 산다고 합니다. 생활이 어렵다 하니 꼭 좀 전해 주세요."

나는 김영태 동지의 간절한 말에 도저히 뿌리칠 수 없었습니다.

"형님, 이 보약은 형님 가져가세요. 오래오래 건강하시라고 특별히 지은 거예요."

보약을 받는 순간 가슴이 뭉클했습니다. 정말 김영태 동지의 말대로 조국통일을 볼 때까지 오래오래 건강하게 살아가길, 그래서 다시 만나 인사 나눌 수 있기를 간절히 바랐습니다.

나는 대전에 도착하자마자 가까이 살고 있는 박상일 동지의 부인을 집으로 불렀습니다. 그리고 아내와 박상일 동지의 부인에게 김영태 동지의 마음을 전했습니다.

박상일 동지의 부인 못지않게 내 아내도 입이 함박만 해졌습니다.

"두 분 툭하면 친구들에게 돈 떼였다고 구박했죠! 자, 보세요. 10만 원이 70만 원이 되어 돌아왔잖습니까. 제 친구들은 이렇게 틀림없는 사람들이에요!"

나는 모처럼 큰소리 한번 쳐봤습니다. 동지들이 얼마나 신뢰할 수 있는지 큰소리치게 해준 김영태 동지를 다시 한 번 보고 싶습니다.

다시 보광리를 찾아서

유격지 현장을 답사한다 하여 동지들과 마을 곳곳을 돌아봤습니다. 동지들과 함께했던 산자락 마을들을 볼 때마다 그때처럼 가슴이 뛰었습니다. 보광리에 들어섰을 때는 감개가 무량했습니다. 두려움인지 설렘인지 도무지 말로 표현할 수 없을 만큼 뜨거워졌습니다.

다시 찾은 보광리는 55년 전 모습과는 달랐습니다. 하지만 마치 어제 일인 양 옛 기억이 떠올랐습니다. 마을 어디에선가 동지들이 금방이라도 손을 흔들며 나올 듯했습니다.

나는 40여 일 동안 머물던 수바우 댁을 찾아갔습니다. 그곳엔 홑옷을 걸친 노인 한 분이 쉬고 있었습니다.

"어르신, 6.25전쟁 때 이 마을에 사셨습니까?"

"응, 살고 말고."

"이 집에 수바우란 분이 살았는데."

"맞아, 내 사촌동생이야."
"그 분은 지금 어디에 사십니까?"
"벌써 죽었지."
"자제분들은요?"
"그 집 장조카가 앞에 새집을 짓고 살아."

장조카라면 그때 우리 숙식을 도와주던 17살 어린 부부일 텐데 나를 알아볼까 고개를 갸웃했습니다. 그때 나와 우리 동지들을 어떻게 기억하는지, 혹시 유격대원이라며 경계하지나 않을지 걱정되었습니다.

당시 별명이 수바우인 50대 주인이 사랑방을 내어준 덕에 다친 부상을 치료하고 회복할 수 있었습니다. 17살이었던 장남은 동갑내기 신부를 맞아 신혼이었습니다. 신랑은 작달막한 키에 말이 없었고, 신부는 후리후리한 키에 명랑해서 늘 우리를 웃는 얼굴로 대해주었습니다. 어린 부부는 40여 일 동안 사랑방에 머물던 우리 네 명의 숙식을 챙기고 다른 일에도 손발이 되어 주었습니다.

나는 노인에게 인사를 하고는 말씀하신 새집으로 찾아갔습니다.

바로 집 앞에 단층짜리 벽돌로 된 새집은 있었습니다. 안보광리 10여 가구 집 가운데 첫째로 꼽히는 새집이었습니다.

설레는 마음으로 조심스럽게 집 앞마당으로 들어갔습니다. 이 마을을 세 번이나 찾아왔지만 만나지도 못해서 고맙다는 인사도 못하고 돌아섰는데 네 번째에 이렇게 마주하게 된 것입니다.

집 마당에 들어서면서부터 나는 벌써 목이 메어 왔습니다.

"주인 계십니까?"

그때 70대 할머니가 집 현관 앞으로 나왔습니다. 문 앞에 선 할머니는 우리 일행을 바라보다 물러서며 놀랐습니다.
"어, 어! 저 양반 봐. 그때 우리집에서 치료받던 양반 아냐?"
나는 놀라서 잠시 말을 잊었습니다. 일행인 다른 동지들도 마찬가지였습니다. 이창근 선생이 한번 더 물었습니다.
"무슨 말씀이세요?"
"그 양반 맞구만. 55년이 지났어도 그때 그 모습이 살아 있는데!"
나는 마음이 울컥해서 그때 도움을 받은 사람이라고 인사를 했습니다. 할머니도 반가운지 예전에 그랬던 것처럼 환하게 웃는 얼굴로 우리를 맞았습니다.
"어서 안으로 들어와요. 애들은 다 대전, 서울로 나가고 두 늙은 내외만 사니 집이 좀 어두워요."
아주머니 말대로 집안은 조금 냉기가 돌고, 거실은 어두웠습니다. 아주머니는 우리를 안방으로 안내하고는 영감을 불러오겠다며 문을 나섰습니다.
잠시 후 뒤뜰에서 장작을 패던 영감님이 들어왔습니다. 그때 17살이던 어린 신랑은 72살 백발 노인이 되었습니다. 세월이 유수와 같다는 생각이 들었습니다.
"우리집 사랑방에서 치료받던 양반이야."
"그래? 이게 웬일이야! 그렇지 않아도 집사람이 일행들이 북으로 간다고 했는데 사고 없이 무사히 갔나 걱정했다우. 이렇게 만나니 반갑네요."
"염려 덕분에 살아 있습니다. 여길 네 번째 찾아왔는데 이렇게 뵙는

군요."

아주머니가 술상을 차려왔습니다. 우리는 술잔을 부딪치며 오랜만에 만난 순간을 기뻐했습니다.

이창근 선생이 부부에게 물었습니다.

"허 선생이 이 집에서 치료를 했다고 하는데 더 기억나는 거 있으세요"

그러자 영감님이 말했습니다.

"그래, 그때 일들이 뚜렷이 생각나죠. 여기 안보광리하고 바깥보광리에 인민군들이 꽉 찼었어요. 나가면 또 들어오고 나가면 또 들어오고 했죠."

아주머니도 옛 기억이 떠오르는지 말을 거들었습니다.

"우리집 사랑방에 네 분이 사십 일 정도 치료를 했어요. 한 분은 사복 차림에 권총을 차고 있었고, 그분을 호위하는 중사가 따발총을 갖고 있었어요."

그러고서는 나를 바라봤습니다.

"여기 허 선생은 장교복 차림에 스물두 살이라고 했지만 열여덟이나 열아홉으로 보였고 아주 미남이었죠. 또 이분들을 치료해 주던 순이란 아가씨도 있었고요."

가만히 술을 드시던 영감님이 느릿느릿한 말투로 이야기했습니다.

"두 마을에 오가는 인민군들이 우리집에 묵던 양반들을 모시고 북으로 가려 했지만 상처가 여의치 않아 여기서 사십 일이나 있게 된 거예요."

새삼 떠오르는 옛 기억들을 나누느라 시간 가는 줄 몰랐습니다. 그 와중에 아주머니가 내 자랑을 해주었습니다.

"이 양반이 아픈 다리를 절면서 나락을 탈곡하고 콩도 타작했어요. 도리깨질을 꽤 잘했지. 시아버님하고 도리깨질을 대결하는 데 정말로 감탄했죠."

나는 일행 앞에서 조금 머쓱했지만 그때의 기억이 다시 떠오르는 것만으로도 기분이 좋았습니다.

"이 양반 보리밭갈이까지 정말 못하는 일이 없었어요. 정말 신기하고 궁금해서 언제 그런 일들을 배웠나 물었죠. 그러니까 이 양반이 '우리 인민군은 호미와 연장을 들면 농부요, 망치를 잡으면 노동자, 총을 메면 인민군이다!' 하더라고요."

그날 그렇게 옛 기억을 떠올리며 오랫동안 술잔을 기울였습니다.

글을 마치며

나는 그동안 빨갱이 딱지를 짊어지고 온갖 시련을 겪으며 살아왔습니다. 전쟁 포로임에도 사상 전향을 하라며 시시때때로 협박당하고, 오랫동안 비인간적인 대우 속에 감옥살이를 했습니다.

감옥에서 풀려나도 달라지는 것은 없었습니다. 빨갱이 딱지는 아내와 두 자식에게도 얹혀져 편견과 냉대 속에 살아왔습니다. 창살 없는 감옥 같은 사회에서 살아남기 위해 하루하루 최선을 다해 살았습니다.

정보감시원들의 이중 삼중 감시망 속에서 마음껏 숨 쉴 수도 없었습니다. 사회안전법을 들어 거주 제한을 한 탓에 어디 마음대로 가볼 수도 없었고, 그나마 사는 집에서도 빨갱이한테 방을 줄 수 없다며 내쫓기기 일쑤였습니다.

나는 사상가도 정치인도 아닙니다. 그러나 아무리 내 몸을 묶어놓아도 마음만은 결코 묶이지 않았습니다. 역경을 헤쳐나갈 양심과 지혜 그리고 조국통일 위해 살아갈 의지가 나의 몸과 마음을 지탱해 주었기 때문입니다.

나의 인생은 기억해야 할 우리 근현대사와 맞닿아 있습니다. 일제의 식민 지배 중에 태어나 자랐고, 인민공화국에서 사회개혁을 경험했으며, 인민군과 빨치산 활동을 하며 조국통일을 위한 마음으로 역할을 다했습니다.

그러면서 15년 동안 장기수로서 신념을 다지고, 새로운 사회에 더부살이하며 여전히 조국 통일을 꿈꾸고 있습니다.

"
자, 세상 사는 이들이여 들어보라
나에게는 분신 같은
활화산처럼 자라나는
자랑스러운 후배들이 있다
"

부록. 또 다른 동지

허찬형 선생과의 대담

민플러스 편집국장 **김장호**

허찬형 선생은 올해 2월 말경 대장암 진단을 받으셨다. 무슨 일이 생길지 모르니 기자는 수술을 눈앞에 두고 급하게 충북대병원에서 인터뷰를 가졌다. 이영복 대전 6.15공동위 대표와 류경완 코리아국제평화포럼 공동대표와 함께 선생 입원실을 찾았다.

병실에는 아들 허성만, 딸 허성애, 손주 허환이 와 있었다. 아쉽게도 부인 한부자 여사는 가게를 봐야 해서 자리에 없었다.
선생은 슬하에 1남 1녀를 두었는데, 아들 허성만 역시 허환, 허수정 1남 1녀의 자녀를 두었다.
"선생님, 큰 수술을 받으셔야 하는데, 소회 한 말씀 해주시죠."
"사실 장기수 선생님들 대부분이 가족도 잃고, 자식도 없고 그렇게들 사셨는데, 나는 그나마 가족을 이루고 살았어요. 한편으로는 그렇게 살게 된 것이 감사하기도 하고, 다른 한편으로는 자식들을 제대로 키우지 못해 책임감이 커요. 그래도 자식들이 자기 일 잘하고 이 사회에서 남한테 크게 피해 안 끼치고 사는 게 좋다고 봅니다. 자식들을 좀 더 훌륭한 혁명전선에서 일을 할 수 있게끔 키우지 못한 것이 아쉽기는 하지만. 그런대로 행복합니다. 수술을 눈앞에 두고 보니 정말 아쉬운 것은 나의 통일운동전선이 끝내 뜻을 이루지 못하고 이렇게 무너지느냐 하는 것입니다. 그러나 내 생애 후회는 없어요. 주위에서 일을 도와주는 사람들이 많이 있는 것을 보면 잘 살았구나하는 생각도 듭니다. 그리고 나에게는 어떠한 역경도 헤쳐나갈 수 있는 양심과 의지가 있습니다. 저는 사상가도 정치인도 아닙니다. 그러나 얼마남지 않은 여생도 외세의 지배를 배격하고 통일자주독립을 이루기 위한 투쟁을 멈추지 않을 것입니다."

풍찬노숙하며 파란만장한 생을 살아온 노병의 소회치고는 소박하고 담담했다. 조용하고 다감한 동네아저씨 같은 말투에서 노동계급출신 노병의 체취가 그대로 느껴졌다.

"선생님 가족관계는 어떠신가요?"
"부친은 허용주, 모친은 박찬경입니다. 위로 첫째형 허찬하, 둘째형 허찬수, 셋째형으로 허찬봉이 있었구, 네째부터 여섯째 형들은 어려서 돌아가셔서 이름도 모릅니다. 누나들은 세 분 계셨는데, 위 두 누나는 알지 못하고, 막내 누나(허선생님 바로 위 아홉째) 허국화는 강씨와 결혼하였습니다. 그 강씨 성의 매형이 3.1운동에 관여했다가 중국으로 망명한 후 소장사를 하며 연락책 활동을 하다가 작고했습니다. 그 후 허국화 누나는 고향집에 귀가하여서 살았습니다. 그 허국화 누님네 아들이 강원준과 강병준 두 분 있는데, 나이가 대략 88,9세쯤 되었을 겁니다."

"부인되시는 한부자 여사 가족관계는 어떻습니까?"
"부인 한부자의 부친께서는 공무원이셨는데 전쟁 때 미군 폭격을 맞고 돌아가셨답니다. 나를 만나 평생 고생만 했지요."

옆에 손주 되는 허환에게 물었다.

"할아버지 어디가 제일 좋아요?"
"온몸이요. 얼굴. 머리부터 발끝까지. 특히 할아버지를 보면 눈이 늘 마음속에 있어요."
"눈은 왜?"
"할아버지 눈을 보면 짝눈이세요. 그 눈. 짝눈을 보고 있으면, 뭐라 그럴까. 눈에 얽힌 이야기가 있을 것 같아요. 원래 짝눈은 아니었을 것 같은데……할아버지 눈이 왜 그래?"
기자는 호기심에 잔뜩 기대를 한다. 그러나 허찬형 선생의 대답은 빗나간다.
"원래 그래"
기자가 다급하게 한 번 더 묻는다.
"선생님, 눈이 원래 짝눈이세요?"
"아, 누운. 부상을 당했지. 철심이 배여있어. 나이가 많아지니까 자꾸 늘어지네. 얼굴도 기울어지고"
기자는 안도의 숨을 내쉰다. 손주 허환도 그럴 줄 알았다는 표정이다.
"네….''
하마터면 다행이라는 말이 나올 뻔했다.
손주가 한 마디 덧붙인다.
"할아버지 눈은 깊고 투명해요."
다시 선생의 눈을 보니 정말 그랬다.
내친김에 딸 허성애에게도 질문을 했다.
"아버님 곡절도 많고 파란만장한 고난의 삶을 사셨는데, 제일 힘들었을 때가 언제였나요?"

"어렸을 때는 뭐가뭔지 잘 몰랐어요. 엄마가 장사하실 때 힘들었던 이야기 많이 하셨어요. 장사를 할 만하면, 아빠를 빨갱이라 흉보고 교도소도 몇 번 가셨고. 언제나 조사하고 지켜보고 감시하고 이런 게 힘들다고 하셨어요."

"본인이 힘들었을 때는 없었나요?"

"내가 아팠을 때요. 아빠가 다 돌봐줬어요. 간질(뇌전증)이 있었는데 이제 다 멈췄어요. 아빠가 다 해준 덕분이에요. 아직도 기억이 생생해요."

딸 허성애에게 선생은 언제나 옆에서 지켜준 아빠였다.

"아빠, 하면 떠 오르는 한 마디는?"

"남북통일이요. 고향가는 거. 살아계실 때 같이 손잡고 삭주 수령골에 갔으면 좋겠어요."

아들 허성만은 54세로 충남대학교 건축학과를 나와 사업을 하고 있었다. 옆에서 아들이 엄마를 많이 닮았다고 거든다. 선생님하고 사모님도 서로 닮았단다. 기자는 아들에게 한 마디 물었다.

"아버님께서 분단을 넘어 통일을 위한 현대사를 살아오셨다는 것은 언제 알게 되었나요?"

"느낌은 그전부터 있었죠. 조금씩 얘기는 들었지만 느낌 이상으로 잘 몰랐고, 대학교 2학년 때 제대로 알게 되었어요. 그땐 뿌듯했어요. 당시 젊은이들은 다 비슷했으니까요. 친구들 중에서 크게 충격받은 애들도 있었어요. 오히려 친구들이 나보다 더 잘 알아요. ^^"

아들보다 친구들이 더 잘 아는 사정이 짐작이 갔다.

이제 선생에게 집중해야 할 때다. 이미 주신 글에 많은 내용이 있기는 했지만, 기자는 그 중 기억에 남는 것이 무엇인지 궁금했다.
"선생님, 그동안 말씀해 주신 이야기 중에 그래도 기억이 남는 대목이 있다면 무엇인가요?"
"솔직히 나의 행운이라고 할까 자랑이라고 할까 하는 것은 훌륭한 지휘관들 옆에서 자랐다는 것. 군에 있을 때도 최현 사령관이 아껴주는 한 사람이었다는게 좋았어요. 직급은 하사관 소위 정도였지만, 항시 사령관실에 드나들 수 있는 위치에 있었고. 특수연락관계를 임무로 맡아서 사단본부와 평양 중앙에 연락하는 일도 맡게 되었던 것이 자랑스러워요. 6.25 전쟁 당시 최현 사단장 옆에서 신호탄이 올라갈 때 경계임무를 섰지요. 당시 최현 사령관 아들 최룡해 부위원장이 1950년 1월생인데, 두 살밖에 안 됐었지."
69년 뒤인 2019년 4월 최현 사령관 아들 최룡해는 조선민주주의 인민공화국 7기 최고인민회의 상무위원회 상임의장이 된다. 남측 언론들은 최룡해 상임의장은 북의 2인자라고 보도했다.
"정말 행운이셨네요."
"참 내 자랑이 아니라 실지 군 생활에서는 다른 사람들보다 특별한 위치에 있었던 경우가 많았는데, 그 바람에 입산했을 때도 도당이나 사령부 간부들 밑에서 자랐어요. 책에서도 말했지만 인민군대 공병간부를 한 덕에 유격대 중앙부에서 일을 하게 되었고, 경남 유격대에 대한 정보를 내가 많이 알고 있는 실정이 된 거죠. 그게 다 지휘간부들 품 안에서 살아왔기 때문이에요. 이런 것을 생각하면 삭주라는 고향에서 내가 없어졌어도 고향 사람들에게 허찬형 이름 세 자라도 기억에 남으면 나는 그 이상 반가운 것이 없겠습니다."

선생님은 생애는 손발이 닳도록 일을 한 노동자의 모습과 공병으로 복무한 인민군인의 모습, 산을 넘나들던 유격군인의 모습이 겹쳐진다. 그런데 기자에게는 유난히 고생스러운 노동자로서의 삶이 다가왔고, 어떻게 생각하시는지 단면을 더 듣고 싶었다.

"선생님 해방 전 송탄유 공장에 다니셨다고 했는데, 송탄유 공장이 어떤 곳이었나요?"

"송탄유라는게 일본놈들이 관솔에서 기름을 빼 휘발유 대용으로 쓰는 거였어요. 그래 온 조선인들이 동원되었지. 매호당 몇 관씩 해오라고 하는데, 그것도 20관 30관씩 따오라고 시켰지. 닥치는 대로. 초등학교 애들도 가서 따오고 했는데, 산에 올라갔다가 떨어져서 부상자 생기고 그랬어요. 당시 내 나이가 열여섯이었는데, 해방될 때까지 그 공장에 다녔지요."

"어려서 수풍발전소에서도 일하셨다면서요."

"그게 일제 시기라 가정이 형편없으니 파산상태에 이르고, 어머니가 조금씩 벌어서 가정생활을 보태는 형편이었거든. 그 수풍발전소가 동양에서 제일가는 발전소로 일본놈들이 만든 거지. 거기 공사판 경기가 좋다고 해서 7,800명을 모집한다고 하니까 어머니가 거기서 식모를 하면

밥을 좀 배불리 먹을 수 있지 않나 해서 나도 데리고 간 거요. 거기서 어머니는 식모살이를 하고 나는 목욕탕 물을 긷고 하는 일을 했지요. 그런데 밥통에다 공기밥을 퍼서 밀밥을 떠먹는 식으로 같이 밥을 먹는데, 일본놈들은 하나 반이나 두 공기 먹는데 나는 세 공기, 네 공기를 먹어버렸거든. 그래서 결국 쫓겨났어. 쌀밥을 구경도 못했던 놈이 공기밥이 나오니까 두 공기도, 세 공기도 후다닥 먹곤 했으니까."

기자는 웃지 않을 수 없었지만, 그래도 질문은 질문대로 이어나갔다.

"수풍발전소 야베거우쪽 하면 중국쪽 아닌가요?"

"1935년 대홍수로 발전소가 물에 잠겼지. 수풍발전소 중국쪽으로 공터가 있는데 물이 많이 차면 물을 빼야 해. 그러니까 공사가 중국편에서 진행되었지요. 근데 조선인은 소년이래도 대인값을 쳐 줬어. 일본놈들이 자기네는 1등급, 우리는 2등급, 중국사람들은 3등급 취급을 하면서 소년이래도 중국 대인값을 쳐주었던 거예요. 중국 사람들은 노동쿨리라는 노동단체가 있었는데, 쿨리장이 약 3,40명을 거느렸지. 쿨리를 안 통하면 중국사람들도 말을 안 들었지."

"일제 때 잃어버린 조국, 해방되었을 때 북의 조국, 이제 선생님을 가두었던 남쪽, 이렇게 3개의 조국을 사셨는데 그 3개의 조국에 대한 선생님의 소회는 무엇일까요?"

"일제 때 조국이라, 그건 잃어버린 조국, 식민지 조국이었지. 그리고 결국은 남이나 북이나 다 조국인데, 어느 한 편에 대해서만 조국이라고 할 수 없고, 나는 3개가 되었든, 4개가 되었든 오직 하나된 조국을 원한다는 것. 이것이 제일 절실해요."

기대한 질문이었는데, 답이 너무 짧았다.

"해방된 조국에 대해서 좀 더 말씀해 주시죠."

"해방되었을 때, 북에서는 인민위원회가 토지개혁을 했어요. 직접 밭 갈이하는 농민에게 땅을 나누어 준거지. 그런데 실제 진행과정을 보면 각 지방에 따라 많은 차이가 있었어요. 항일 저항운동을 하고, 어르신들의 영향을 받은 지방하고, 그렇지 못한 지방하고는 이 문제를 해결하는 방식이나 속도가 조금씩 달랐어요. 또 종교에 따라서도 차이가 있어요. 기독교, 천도교 등이 있었는데, 돈있는 놈들이 주로 기독교였고, 천도교는 조선종교였지. 당시 북에는 천도교인들이 많았지. 그러니 지방마다 민주개혁의 형편이 차이가 많이 있었지요. 우리 마을을 놓고 보면, 처음 2년 간은 딱히 특별한 것이 없었어요. 그런데 청년동맹, 농민동맹, 여성동맹 등 단체들이 만들어지고 사업들을 많이 해가지고 바뀌어지기 시작한 거예요."

"선생님은 전쟁포로임을 지금도 주장하고 계신 거잖아요?"

"광주포로수용소로 갔는데, 거기에는 빨치산 활동했던 사람, 남에서 지하활동하던 사람, 인민군대 출신, 북에서 나온 공작원도 있었어요. 원래는 정전협정에 따른 포로정책에 따라 인민군대 출신들은 빼 가지고 거제도로 보내려고 했었지요. 그런데 이승만이 가만 보니까 거제도로 보내면 송환되게 생겼거든. 그러니까 광주포로수용소를 일반수용소로 만들어서 '포로'자를 떼게 한 거예요. 이래 가지고 전부 사법처리를 한 거지.

그러나 난 지금도 전쟁포로예요. 정부가 불법행동을 하는 거지. 그래서 지금도 송환을 주장하는 겁니다."

"마지막으로 이 책을 읽는 독자들에게 하고 싶은 말씀은?"

"자주평화통일!

이걸 성취하지 못하고 일생을 마친다면은 한으로 남겠으나

마지막까지 내 소원은 자주평화통일입니다."

고난의 현대사가 고스란히 배인 91년 인생. 일제 식민지배 17년과 인민공화국에서 5년 중 인민군 3년, 그리고 빨치산 3년 감옥살이 15년, 그 후 남쪽 자본주의 사회에서 더부살이 54년. 한 순진한 소년이 분단조국의 한복판에 선 것은 자의도 타의도 아닌 격변기 역사의 부름이었다.

▲ 허찬형 선생과 대담 진행을 위해 병원을 찾았다(대장암 수술로 인해 병원에 입원). 병문안을 온 류경완 코리아국제평화포럼 공동대표(허찬형 선생 오른편)와 대담을 함께 진행한 가족들이다(왼쪽부터 손주 허환, 아들 허성만, 딸 허성애). (2019)

허찬형 선생님 손녀 허수정 양의 글

할아버지는 나에겐 어쩌면 아버지보다 더 아버지 같은 분이셨다. 아주 어렸을 때 맞벌이였던 부모님을 대신해 할아버지가 나를 맡아 돌봐주셨다. 유난히 장롱 속 더미 위에 숨어 있길 좋아하는 천덕꾸러기였지만, 화 한 번 내지 않으시고 항상 내가 좋아하는 만두를 직접 만들어주시곤 했다. 사탕 하나에도 좋아하며 총총거렸던 8살의 어느 초등학교 입학식 날, 앞니가 빠졌음에도 한없이 해맑은 내 옆엔 내 손을 잡은 할아버지가 서 계셨다. 해가 제법 쨍쨍해진 5월 운동회날에도 김밥이 가득 담긴 도시락을 들고 할아버지는 반갑게 손을 흔들어 보이셨다.

시간이 흘러 나는 중학생, 고등학생을 거쳐 어느덧 20대가 되었다. 가끔 뵈러 갈 때마다 할아버지의 검었던 머리는 새하얀 눈처럼 하얘져 갔고 웃는 눈가의 주름은 할아버지의 나이테만큼 점차 깊어지고 있었다. 세월이 흘러 할아버지를 향한 애정 표현은 온데간데없고 무뚝뚝한 손녀로 변한 나와 달리, 할아버지는 여전히 '어렸을 때의 애교많은 손녀' 그대로 반가워해 주셨다.

나이가 꽤 들어찬 나에게 할아버지께서는 지난날을 회상하시며 이런저런 얘기들을 꺼내놓으시곤 했다. 특히 내 인생을 살아가기에만 급급했던 나에게, 좀 더 세상을 넓게 보려 노력하고 꾸준히 통찰력을 키우기를 권하셨다. 이를 위해, 어떠한 문제를 들여다 볼 때 겉으로 드러나는 표면이 아닌 그 아래 이면의 본질을 꿰뚫어 봐야 함을 강조하셨다. 그러다 할아버지는 무릎 위에 올려놓은 당신의 일기장과 사진첩을 읽으시며 문득 깊은 생각에 잠기곤 하셨다.

나에게만큼은 누구보다 다정다감하셨던 할아버지는 항상 웃는 얼굴을 하고 계셨었지만, 그와 대조적으로 지나온 세월을 회상하며 반쯤 감긴 눈은 얼핏 슬퍼보이기도 했다. 그때 당시에는 몰랐지만 지금 다시 생각해 보면, 할아버지 눈 속엔 심연의 바다만큼이나 깊은 사연과 신념이 한없이 일렁거리고 있었기 때문이 아닐까 싶다.

영원한 청년의 기상으로 살아오신 선생님께

부여 푸른정형외과 원장 **황인식**

　사람은 살면서 환경에 의해서든 본인의 의지에 의해서든 변하기 마련입니다. 특히나 질곡의 역사 속에서 그 뜻을 끝까지 관철한다는 것은 한 개인이 감당해야 할 몫이 아닐 것입니다. 그럼에도 한평생을 그렇게 살아오셨고 또 살고 계신 분들이 있습니다. 그분들을 향한 존경의 표현은 말이나 글로 표현할 수 있는 범위를 넘어섭니다.

　일제 강점기인 10대에 조국 해방 투쟁에 나서시고 외세에 의해 분단된 조국의 통일을 위해 한평생을 살아오셨다는 건조한 문장으로 어찌 그분을 설명할 수 있겠습니까. 겪으셨을 굶주림과 추위는 고사하고 총알과 폭탄이 빗발치는 전쟁과 전쟁포로임에도 사상범으로 취급받으면서 느끼셨을 모멸감은 감히 상상하기도 힘듭니다.
　선생님의 삶이 곧 역사이고 분단으로 인해 겪어야 했던 온갖 고통을 온몸으로 받으면서도 희망을 잃지 않았으며 새로운 역사를 써나가기 위해 동지들과 서로 사랑 속에서 싸워나가는 여정을 엿볼 수 있었습니다. 선생님의 경험을 묶어 회고록을 편찬하신다는 말씀을 들었을 때, 활자 따위로 표현할 수 있을까 하는 걱정이 앞섰습니다. 하지만 한편으로는 빛바랜 액자의 사진이 아니라 급변하는 정세 속에서 올곧은 길을 간다는 것의 지표를 세우시는 것으로 이해되었습니다.
　조국 해방에서 조국 통일을 향한 한 개인의 염원과 투쟁의 기록에 그치지 않고 나약한 개인이 사상을 통해 어떻게 거듭나고 어떻게 복무해왔는가에 대한 덤덤한 회상이며 그 가운데 스러져간 동지들에 대한 그리움, 함께 그 길을 헤쳐 나온 동지들에 대한 의리가 오롯이 묻어나옵니다. 그분들의 삶 속에서 묻어나오는 동지에 대한 사랑, 헌신, 믿음과 신념들은 저를 숙연하게 합니다. 결국 그 뒤를 따르려는 우리에게 어떻게 살아가야 하는가를 제시해주시고 계십니다.

청년이란 항상 새로움을 꿈꾸며 자신을 불사릅니다. 고문 후유증으로 청각 장애가 오셨고 거동도 힘들어 하시면서도 촌철살인의 정세 분석을 이끌어내시는 선생님을 보면 아직도 청년의 기백이 살아있음을 느끼게 됩니다. 부끄러운 후배가 선생님의 회고록 출간에 맞춰 이런 글을 드린다는 것이 부끄러울 뿐입니다. 지금도 식지 않은 분단된 조국에 대한 안타까움을 뜨거운 심장으로 이야기하실 때의 모습을 보면 하루하루 철저하게 살지 못하는 우리 자신과 비교되면서 부끄러움과 함께 깊은 존경심을 갖게 합니다.

얼마 남지 않은 여생을 그리운 조국에서 사시도록 하루빨리 송환되시길 바랍니다.

조국 통일의 그날까지 건강하소서.

수도산 탐방기

민주노총 대전본부 지도위원 **김창근**

2017년 4월16일 날이 밝자마자, 옥천과 대전시내에서 동지들이 하나 둘 나의 집으로 왔다. 날이 흐릴까 걱정을 했는데 하늘엔 구름 한점없는 따뜻하고 봄나들이에 최고의 날씨였다. 몸이 불편한 선생을 잘 모실 수 있어 기분이 매우 설레였다.

오늘 모시고 갈 '허찬형 선생' 그는 누구인가? 1929년 평북에서 태어나 일제시대에 강제노동에 시달리다가 해방을 맞은 선생은 민청활동 후 군에 입대하여 3.8경비대에서 군복무 중 6.25전쟁을 맞게 된다. 인민군 서울수도 9사단 직속 공병중대에 배속되어 낙동강전투 이후 후퇴 중 퇴로가 막혀 지리산으로 입산하여 남부군 57사단에서 참모장으로 있으면서 수많은 전투를 치르게 된다. 이런 상념에 젖어 가다보니 목동 선생댁에 닿았다. 변함없는 미소로 맞아주시는 사모님의 배웅을 뒤로한 채 수도산으로 발걸음을 재촉했다.

오늘 우리의 목적지는 수도산 1,000고지 산죽밭이다. 그러나 선생은 다리가 불편해 지팡이를 짚는 80대 노인이라 올라갈 수가 없다. 수도산 인근마을에 거주하는 노인의 도움으로 임도의 통행을 허락 받아 한시름을 덜게 됐다. 간간히 회포에 젖은 선생이 말씀하신다. "수도산 환자트에서 생사를 넘나든 이후 오늘 이산이 처음이야! "감회가 깊으시겠어요? 그럼!" 그때 올라가는 임도 양편에 놀라운 광경이 펼쳐진다. 참나무의 꼭대기에 다육식물이 다닥다닥 붙어 있다. 겨우살이다. 그런데 간간이 있는 게 아니라 온 참나무마다 다 달려 있다. "선생님! 왜? 저 참나무 좀 보세요! 마치 빨치산들의 영혼 같지 않아요?" 그 말에 사람들이 겨우살이를 더 유심히 바라본다. 임도를 몇 차례 헤맨 끝에 골짜기 하나를 골랐다.

그런데 놀라운 사태가 우리의 만류에도 불구하고 갑자기 선생이 지팡이를 짚은 채 산죽밭을 내리 달리시는게 아닌가. 마음속에 맺힌 한이 괴력을 발휘하게 한 것이이라! 수백미터를 족히 내려가는 선생을 진땀을 빼며 부축하여 아늑한 골의 산죽밭에 닿았다. "그때 환자트가 기습을 받았는데, 합천군 유격대 참모장동지와 9연대 정치위원은 총으로, 나머지 세 명은 여성근위대원 김선옥 간호사와 수류탄으로 자결하고, 난 인사불성 상태로 포로가 되었지" 말씀하시는 선생의 눈가가 젖어 온다. 우리는 가져간 제물로 정성껏 차려 제를 지내고 둘러 앉아 음복을 했다. 이어 선생이 낙동강과 지리산전투 이후 함께했던 순이동무의 도움으로 목숨을 건진 파란만장한 세월을 얘기하다 보니 돌아갈 시간이 되었다. 일행은 아래로 내려가고 나와 중간 임도에서 만나기로 했다.

난 차를 가지러 산꼭대기로 올라가려는데, 아뿔싸! 선생을 모시다가 산중에 차열쇠를 잃어버린 것이었다. 순간 머리가 하애졌다. 경보기까지 달려 있는 열쇠뭉치를 언제 어디서 복제를 해 오며, 날은 저무는데, 환자인 선생을 어떻게 할 것인가? 풀은 죽었으나 나의 놀라운 회귀본능을

믿기로 했다. 산중을 두어 시간 헤멘 끝에 결국은 산죽밭에서 열쇠를 찾았다. 순간 눈물이 핑 돌았다. 선생을 안전하게 모시게 되었으니 말이다. 기적같은 얘기를 일행에게 들려주니 모두가 입을 딱 벌린다.

그렇게 수도산을 다녀 왔다. 아마 다시는 그산에 가지 못할 것이다. 그러나 그 눈부신 날에 연두빛 새순이 돋는 산에서 맺은 인연이 선생의 회고록 작업으로 이어졌다. 조국통일사업에 헌신하다 먼저 가신 열사들과 선생을 비롯한 전사들, 그리고 우리가 운명의 실로 묶였다. 이제 서로 잡은 그 손을 영원히 놓지 않을 것이다. 선생의 조속한 귀향과 통일의 그날까지!

허찬형 선생의 뒤자취

뒤자취 : [명사] '뒷자취(뒤에 남는 자취)'의 북한어

허찬형 선생과 박춘자 여사(2015)

1950년 9월 미군의 폭격을 피해 서대산 뒤편 보광리(작은 보광리)에 들어갔을 때 발목 부위에 입은 총상을 치료받기 위해 40여일 간 머물렀던 집의 신혼부부였던 박춘자 여사(당시 17세)가 허찬형 선생을 반갑게 맞이하는 모습. 그간의 만남으로 '오라버니', '아우'라 호칭하며 허물없어진 박춘자 여사는 이날 65년 만에 허찬형 오라버니를 위해 다시 밥상을 차렸고, 선생께서는 감격에 겨워하시며 밥 한 그릇을 다 비웠다.

1	2
	3

① **55년 만에 다시 만난 수바우 어르신네 아들 부부와 함께(2005)**
가운데, 허찬형 선생

② **수바우 어르신(오봉철 선생)**
1950년 9월 미군의 폭격을 피해 서대산 뒤편 보광리(작은 보광리)에 들어갔을 때 발목 부위에 입은 총상을 치료받기 위해 40여일 간 머물렀던 집의 주인, 87세로 작고하셨다.

① 장기수 동지들과 함께(1998)
뒷줄 왼쪽에서 두번째, 허찬형 선생

② 천주교정의구현사제단 태안 하계수련회(1998)
맨 왼쪽, 허찬형 선생
함세환 선생(왼쪽에서 두번째)은 2000년 9월 북으로 1차 송환되었다

③ 청주의 어른 故 정진동 목사의 장남(1978년 의문사) 고정법영열사 추모비 앞에서(2001)
맨 왼쪽, 허찬형 선생

① **지리산 유격전적지 답사(2002)**
맨 왼쪽, 허찬형 선생

② **전적지 답사 후(2002)**
맨 왼쪽, 허찬형 선생

③ **<남녘통일애국열사추모제>에서 통일광장 동지들과 함께(2004)**
서있는 줄 왼쪽에서 네번째, 허찬형 선생
전북 순창군에 있는 회문산에서 진행됐다. 어쩌면 이 추모제는 한국전쟁 이후 최초의 공개적인 추모제였을 것이다.

① **24주년 5.18광주민중항쟁 참배(2004)**

앉은 첫째줄 오른쪽에서 세번째, 허찬형 선생

② **우리민족대회에서 북측 대표단과 함께(2004)**

이 대회는 인천광역시 미추홀구에서 열린 6·15 공동 선언 발표 4돌을 기념하는 남북 민족 공동 행사였다.

③ **전적지에서(2006)**

맨 왼쪽, 허찬형 선생

전적지에서 추모제를 지내며 발언 중이다.

① **경남지역 답사 중(2016)**

왼쪽에서 두번째, 허찬형 선생

전쟁 당시 활동했던 경남지역을 대전 동지들과 함께 답사했다.

② **코리아오픈 국제탁구대회(2018)**

왼쪽, 허찬형 선생

남북한이 단일팀으로 참가한 코리아오픈 국제탁구대회에 대전동지들과 함께 가서 단일팀을 응원했다. "우리는 하나"
이영복 대전충남겨레하나 공동대표와 함께 찍은 사진이다

③ **증평에 거주하시던 故 김동섭 선생 댁 방문(20??)**

앉아있는 뒷 줄 왼쪽에서 두번째, 허찬형 선생

故 김동섭 선생(앉아있는 뒷 줄 오른쪽에서 두번째)은 해방 전 동북 3성의 주요 항일전투에 연대 참모장이라는 지휘관으로 참전하여 혁혁한 공을 세운 공로가 중국정부에 의해 공식적으로 인정되고 역사로써 기록됐다. 하지만 한국전쟁 당시 북측의 인민군으로 참전했고, 포로가 됐다. 후에 장기수로 옥고를 치른 후 남측 국민으로 살아왔다.

대전 동지들과 함께 방문했다.

1
2

① 동지의 병문안(2019)

맨 오른쪽, 허찬형 선생

대장암수술로 인해 입원해 있을 당시, 더청춘협동조합 서준수 이사장(맨 왼쪽)과 그의 부인 이성희씨(가운데)가 병문안을 왔다. 서준수 이사장의 아버지는 전쟁때 좌익활동으로 지리산에서 빨치산 활동을 했고, 군경에 잡혀 옥고를 치르는 과정에서 고문 후유증으로 고생하다 44세의 짧은 인생을 마감하셨다고 한다. 장기수인 허찬형 선생을 보면, 연은 얼마되지 않지만 아버지를 만난것 같은 심정이라고 한다.

② 주치의 나준식 원장과 함께(2019)

맨 왼쪽, 허찬형 선생

주치의 나준식 원장은 대전 민들레의료생협 이사장이다. 민들레의료생협은 지난 십수 년간 무상의료를 보장했다.

① 허찬형 선생과 한부자 여사(1998)
② 허찬형 선생과 한부자 여사(2012)

① 허찬형 선생 고희연(1998)

② 한부자 여사 고희연(2012)

① 대전 목동 허찬형 선생의 슈퍼(2018)
한부자 여사

② 대전 목동 허찬형 선생의 슈퍼(2018)
허찬형 선생

③ 대전 목동 허찬형 선생의 슈퍼(2018)
허찬형 선생과 한부자 여사
보증금 천만 원에 월세 20만원의 자그만 가게를 부인, 딸과 함께 운영하며 인근 일용노동자들과 소찬을 나누고 베푼다

가야산 수도산 부상환자 비트의 상황 51년8월~52년초

깨어보니 고향집 아랫목이 아니라 수도산 간지봉 말에 은폐된
중환자 비트 어머니 어머니 부르짖다 순이도 가고 룡룡
외치던 소년도 근위대원도 갔다
100m 능선위에 토벌대의 총화소리 간간이 폭격기를
향해 위험의 공포 사직 구원대와 비포원 (연락원)은
소식 없고 낯이 새면 사체만 하나 둘 빼더 있다
면동 트는 새벽 새소리에 잠을 깨우고 어둠과 죽음이
공포 연속에도 기어소 살아 남어 다시 총을 메여서서
어지선가 멀리 포성만 요란하구나
(51년 말 52년초 대공세 와중에)

1951년 8.15 제8군단 하계 면해방 기념투쟁을 시작으로 경남북도
(하동, 산청, 함양, 거창, 합천, 의령, 금능) 해방 기동투쟁 중
부상자와 역병환자들을 가야산 수도산 중, 정 편자로 구분
비트에서 치료중 역병의 대원들은 부대에 복귀하고 나머지
대부분 사망했다 (정순덕 동지도 이 환자도에서 치료후 부대에)
그리고 중환자 9명만 수도산 비트에 남아 있었다

㉠ 남부지역 붓꽃사단 노영호 부대 참모장 함북 아오지 탄광 모범 노동자
등 부대 정치위원 황해도 금천군 모 중학교 교사 보복대원 4명
여성 근위대원 전반 광주 도립병원 간호사 김선옥 위생병,
나, 9명

㉡ 1952년 1월 노일 아침 8시경 부대에서 파견된 연락원이 청수 경북
금능 경찰서 전투경찰대 안내로 기습공격에 의한 사건
참모장과 정치위원 자살 김선옥 위생병의 수류탄으로 3명자폭
나와 부대원 3명 포로됨

㉢ 2003년 4월 현장 이합사 중에서 강지의 설정을 사상한 즉
가야산 경남 합천군 해인사 가 유명함
수도산 경상남북 경계에 의회 수도산 알음
2008년~2005년 까지 4차 현장 확인을 걸쳐만 찾지못함

① 허찬형 선생의 노트
 허찬형 선생은 가야산 수도산 부상 환자 비트의 상황을 상세히 기록해 놓았다.

① 6.25 전쟁중 전인 포로는 거제도에 집결시켜 미군의 관리하에 있었고 이승만 정권은 포로들에 대한 간섭권 없었다

② 광주 포로 수용소
낙동강 전선의 변동에 따라 지리산을 중심으로 남 반부 후방 전력에서 유격전으로 전술을 바꿨다 활동중 포로된 포로를 광주 포로 수용소에 수용 이승만 정권이 관리하에 있었다 이 포로수용소에는 정당인 사회단체구성원, 부역자 또는 동비분자로 낙인된 일반 양민들 연 인원 약 ㅅ.ㄱ 안명 중 인민군 출신 2,3천명 측산됐는데 이중 2차에 걸쳐 선발해 거제도 포로수용소에 보내다 광도에 총산하고 광주포로수용소 간판을 포로관 두차을 빼고 수용소로 간관을 바꾸어 남은 포로들을 각 형무소에 분산 수감 식켜 특별 조치령및 국가 보안법 또는 국방 경비법 제조 등 사법 재판도를 버렸다
이 재판은 하나서 쇼도 연극도 안니다 예를 들면 앞쪽 사령 됐죠 무기 또는 1번에서 20번까지 사형 20번에서 30번거지 무기 이놈간 20번이 저는 무기 있을까 하고 무릎이 아자석이-
너는 사형이앗 이 사성을 오느날 누가 믿겠나 허지만 재판 받은 산승이 생존해 이 자리메있다 장기간 감옥 살리 했자만 자신의 판결문의 내용을 알고 있는 사람이 없다 그 영터리 판결도라 재판 기록도이 국가 문서기록 보관조에 보관된 사장이 있는가 하면 없는 사장 대 부분이다
이들 포로들은 당연 제네바 포로 협약 또는 ㅈ 27 정전 협정 포로에 관한 조치 조항에 따라 포창이 이뤄져야 했다

③ 이 조치령법 및 국가 보안법 또는 국방 경비법은 1960년 10월 산와 5.9로 법측로 폐기 처분 됐다
이법 세기 목적은 위법에 피해자들을 구제 목적이 있다 따라서 자유 정치층 5.16 쿠데 구해 쿠로 무산 된다 2의 피해자들은 구체 위성 타득 2.3증이 고통과 탄업을 갚수 해야 했다
사회 안전법 (리폼) 부찰정 복상이 그리고 전환 공작

① **허찬형 선생의 노트**
　허찬형 선생은 포로수용소의 실상과 수형생활 등을 상세히 기록해 놓았다.

② **허찬형 선생의 노트**
　허찬형 선생은 인민군 포로로 겪었던 생활 및 상황을 상세히 기록해 놓았다.